だから、そばにいて

カフカ

角川文庫
22035

大切な人からの言葉はいつまでも温かく
優しい灯りのようにずっと胸に残っている。

はじめに

言葉は時に誰かを励まし、喜ばせ、
また傷ついたり、傷つけたりします。
そんな言葉の一つひとつの先に誰かと誰かの繋がりがあって、
ぶつかったり笑ったり泣いたりしながら
何か大事なものが生まれていると思います。
この本は「恋愛指南本」でも「自己啓発本」でもありません。
そこにあるのはただの言葉達です。
ですがもし何か一つでも読んだ人の胸に残るものがあれば、
そして少しでも優しい気持ちになれたなら
これほど嬉しい事はありません。

Contents

誰でも自分の好きな人に好かれたい。
でもそれは簡単じゃない。諦められないから苦しい。
諦めそうになってもずっともっと「好き」が勝ってる。
好きな人に好かれたい。ただそれだけ。

chapter 1 恋愛

Love

Love
001

自分が選んだ人や選んだ事を
ずっとあとに後悔はしたくないな。
だからいつも「最善」でありたい。

この方法しかなかった。
この人じゃないとダメだった。
この人で良かったと。

Love
002

「好きだった」と言えれば楽なのに
次に進めるのに簡単に言えないのは
今も「好きだから」が
生きているからだろう。
とても鮮やかに 変わる事なく。

Love
003

いつか失うかもしれないと
悲しい気持ちがふと心によぎっても、
ただ近くにいたいと、
ただそばにいたいと思えたなら大事な人。

ただ誰かを想う事は
たまらなく切なく愛しい。

Love 004

一方的な想いでも
自分の好きな人が笑って過ごせるなら
それでいいなんて少しだけ強がるけど
本当はその笑顔に自分が含まれていたいし、
一番笑顔にするのは自分でありたいと思う。

Love 005

妥協して選んだ恋なんて
上手くいくはずがない。

選んだ事に
後悔しない恋がいい。

Love 006

寂しさはパズルのピースのように
一つひとつ形が違うから、
寂しさを他で埋めようとしても
形が違うから埋まらない。

その形は唯一その人のもので他に代わりがない。
寂しさの形は一緒じゃない。

Love 007

辛い気持ちに蓋をして
「迷惑かけたくない」と我慢して
「嫌われたくないから」と言いたい事も言えず
「わがままかも」と素直になれない。

一番素直になりたい人は誰？
本当の気持ち知って欲しい人は誰？

その答えが一番好きな人でありますように。

Love 008

死ぬほど好きでも死ぬほど想っても
相手も同じように想ってくれるとは限らない。
そんな風に誰かの事を強く想える人は中々いない。
想い貫く事は孤独で一人かもしれないけど無駄な事じゃない。
そんな気持ちは無駄にはならない。

Love

009

書いては消して、消しては書いて
送信出来なかったメールの中に

本当の自分の
伝えたい気持ちがある。

Love 010

優しい思い出だけを残して去って行く人はズルいなと思う。
憎むほど傷ついたなら楽に忘れる事が出来るだろう。

曖昧なサヨナラで
優しさだけを残した恋は
長く胸に残り彷徨う。

Love 011

一度裏切られると同じ思いをしたくないと
人を信じる事に臆病になる。
人を想う真っ直ぐさは消え、

いつかこの人も同じように
自分の前から消えてしまうと思う。

それでも自分の何処かで信じたい気持ちがあるなら
それを大事にすればいい。
誰かと深く繋がる為には信じる事以外ない。

Love 012

先に何か約束があると頑張れる気がする。
それが一週間後より明日、明日より今日の約束が欲しい。
小さな約束でもいい。
現実的で叶う願いがあるとそれだけで嬉しくなる。
不安な時はいつも何の約束もなく漠然とただ待つ時。

Love 013

ありきたりな言葉でも欲しい時がある。
ありふれた言葉でも欲しい時がある。
どこにでもある言葉だけど
好きな人から貰った言葉なら一瞬で特別なものになる。
だから言葉が欲しい。
何でもないありふれた言葉が死ぬほど嬉しい時がある。

Love
014

自分の好きな人に好きな人がいて
想い続ける事に価値がないなんて思わないで欲しい。

両想いだけが恋じゃなく
片想いでもちゃんと恋だ。

その人が好きでただ想うだけで
一日を頑張れたり笑えるだけで素敵な恋だ。
叶わない恋にも価値はある。
人を好きになる事に価値がある。

Love
015

周りに何か言われて諦めてしまう恋なら
やめてしまえばいい。誰を信じるのか。
自分とその相手しかいない。
誰を信じて好きになるのか。その相手しかいない。
人の意見は大切だけれど
自分で決める事の出来ない感情はいらない。
常に決断は自分にある。

Love 016

満たされるのはほんの一瞬でも会いに行きたい人がいる。
その一瞬の為に悩み膝を抱え長い長い一日一日を過ごし
寂しさに負けそうになりながらも
迷う事なく想い貫き、
笑えない時でも笑って、
泣きそうな時でも明るくいる自分を誇れ。
誰かを想える自信を持て。

Love 017

誰かを想って流れる涙はあたたかい。

嬉しいでもなく悲しいでもなく
ただ誰かを想うだけで流れる涙がある。
涙は感情が溢れた時に流れる。
頭よりカラダが先に教えてくれる。
その人が大切な人だと。

Love 018

自分よりも大事な人がいる事は幸せだな。
いつも自分の事ばかりを考えてしまうけれど
本当に幸せだと感じる瞬間は自分だけでは作れなくて、
幸せにしたい誰かの笑顔や言葉だったりするんじゃないだろうか。
「この人が分かってくれる、
笑ってくれる」
と思う事が自分の幸せなら本当に幸せ。

Love 019

「一番近くにいて欲しい」の意味は、
ただそばにいるだけではなく、
誰よりも一番近い気持ちで
いて欲しいという事。

Love 020

誰かを好きになる事に
「かもしれない」はない。
「好きかもしれない」は
好きという事。

Love 021

ひとつ満たされるとまたひとつ欲張りになる。
わがままなのかも分からず、まだ足りないと求める。
「これで充分」には程遠く
困らせてるのならば求め過ぎてるのかもしれない。
でもそれは仕方ない。

Love

022

好きな人には自分だけの特別をいつも求める。
それが自分だけのものじゃないと感じると
嫉妬してしまうのだろう。

大事な相手にはいつだって「自分だけのもの」を求めるから。

Love
023

誰かに相談しても結局決めるのは自分だ。
それは他でもない自分の恋愛だから。
誰かに決めて貰える事じゃなく、
自分がどう思うか、誰を信じるのか。
友達や相談相手からの言葉はただの助言に過ぎない。
自分の恋愛ぐらい自分で決める。
自分の気持ちぐらい自分で決める。
それが人を好きになる覚悟だ。

Love
024

最終的に自分の好きな人が幸せであるなら
それでいいと思うけれど、
出来る事ならそこに
自分も含まれていたいというのが本音。

Love 025

伝えたくても言えない事がある。
伝える事で今の関係が壊れる事を恐れる。
だからひとり言葉を抱え思い悩む。
いつか本当の事が言えたら、
その言葉で揺らぐ事がなくなるなら
ずっと強い繋がりになる。
その「いつか」まで深く解り合えたらいい。

Love 026

理屈ではない気持ちに心揺れて、
理屈ではない気持ちで嫉妬をする。
自分ではどうする事も出来ない想いに
心とらわれる時、
その人が特別な人だと改めて思い知る。

Love 027

想いが強ければ強いほど相手に求める事が多くなる。
そしてそれが与えられないと不安と不満に苛まれる。

期待しなければ自由でいられるのに
求めて期待してしまうから
苦しくなる。
一番近い人ほど
一番困らせてしまう。

Love 028

自分の好きな人を信じないで
誰を信じるの？

Love 029

「会いたい」「一緒にいたい」
「手を繋ぎたい」「ずっと話をしたい」

伝えたい言葉はシンプルだけど、
シンプルな言葉ほど言えない時がある。

Love
030

「この人をいつか失うかもしれない」と思うと
たまらなく切なくて、
たまらなく愛おしい。

Love 031

全力で好きになるから
いつもこれが
「最後」と思う。
それでいい。

Love 032

誰かを好きになることに
意味や理由を探したり求めるから
悩むのかもしれない。
「好きなものは好き」なんだと思う。
その感情は意味や理由を吹っ飛ばして最強だ。

Love 033

沢山の出会いの中で本当に出会えて良かったと思う人はほんの少し。
別れてから離れてから気付くなんて遅過ぎる。
「大事にしなきゃ」って思う人は考えなくても近くに必ずいる。

Love
034

正直になれば本当の気持ちが相手にとって
迷惑になるんじゃないか、
素直になればこの想いが重くて
拒絶されるんじゃないかって臆病になるけれど
好きな相手には素直で正直であって欲しい。
いつでも本当の気持ちを知りたい。

Love
035

自分で頑張れることには限界があって、
その先に何か出来るとするならば
それはきっと自分の大切な誰かの為。

Love 036

必要な人に必要とされたいだけ。
それが遠く感じる日がある。
自信が持てず「自分じゃなくてもいい」と落ち込む。
必要な人に必要とされたいだけ。
何か出来る事はないかっていつも思う。
必要とされている。
そう感じる時、それだけで満たされる。

Love 037

好きな人の好きな曲や本などを知りたいのはその人の好きな物を共有したいからだ。

同じ物を共有することで少しでも近付けるような気がするからだろう。
互いの距離というのは自分でそんな風に埋めていけるものだ。

Love

038

自分の事を良く見せたいと思うけれど
結局「この人と長く付き合いたい」と思う人には
良くも悪くも自分を見せなくちゃ長く続かない。

自分を見せて離れるなら
それまでの人。

Love 039

期待しない方が楽で、
期待しない方ががっかりする事もなく、
期待しない方が重くも感じないだろうと思うけれど
期待してしまうのは相手の事をとても求めてしまうからだろう。

どうしようもなく好きでなければ
相手に期待などしない。

Love 040

寂しさを埋めるには自分だけではどうしようもない。
寂しさを埋めるには自分が求める人じゃないと埋まらない。
そして自分が求める人が自分を求めていないと埋まらない。
満たされた瞬間だけ寂しさを忘れる事が出来る。
でも寂しさは常にあってそれに慣れる事はない。

Love 041

誰かと出会うと失う事ばかりを考えてしまうのは今まで大切な人を失って来たから。

また同じ事を繰り返す事を恐れてしまう。
失う時は悲しいけれど失ってしまうし、
そばにずっといる人もいる。どちらも同じ出会いの中、
失いたくないなと思うなら大切にしたい。

Love 042

思い出というのはずっと後になって
「こんな事があった」と思い浮かべる事。
その傷が、リアルにまだ胸を痛めるなら
まだ思い出にはなっていないのかもしれない。
思い出にはしたくないのかもしれない。
溜息がでるほど思いが今でも胸にあるなら
思い出にはなっていない。

Love 043

「気になる人」から始まって
「この人がいい」に変わって
「この人だから」と一緒になり
「この人じゃないと」と想い
「この人で良かった」と互いに思いたい。

Love 044

好きな人が出来ると自分の日常にその人が入ってくる。
好きな音楽、好きな食べ物や場所や匂い。
どこにいても日常の中にその人を見つける。
だからたとえ別れてしまっても
すぐ忘れる事が出来ないのは
自分の日常だったたから。

Love 045

いつでも本当に欲しいのは
この人なら大丈夫って「安心」
この人が最後って「確信」
この人なら傷ついても構わないって「決心」。

Love 046

嬉しい気持ちをくれるのも
寂しい気持ちをくれるのも同じ人。

嬉しさや楽しい気持ちが多いほど
寂しさもまた同じように深くなる。
だからいつも楽しい日の終わりは切ない。
その後の寂しさに慣れる事はない。
また会える日があるからその寂しさに耐える事が出来る。
また会える日を信じる。

Love
047

好きだから嫉妬して自信がなくて嫉妬して、
ただ好きなだけでいいのに
自分だけのものを求めてしまって自己嫌悪する。
誰よりも大切な人には誰よりも特別な存在でいたい。
誰よりも好きな人だから誰よりも嫉妬してしまう。

Love
048

寂しい気持ちを他で紛らわせても余計寂しいだけ。
無理に笑ってみてもただ虚しいだけ。
自分の心に嘘をつく事は出来ない。
何かで取り繕っても、他の何かで埋めようとしても
自分の心は自分がよく解っている。悲しい時は悲しいまま。
自分に正直でいる事の辛さとその強さ。

理由のない「好き」に
理由を探してもおそらく何もない。
そこにあるのは、
ぼんやりとした
「ただ好き」という
柔らかい灯りのようなもの。

Love
049

Love 050

好きな人の優しさに触れると
本当にありがとうと思う。
自分に余裕がないと特にそう思う。
優しさを思い出す。
そしてまた人に優しく出来る。

Love 051

好き過ぎると涙が出る。
哀しいでも寂しいでもない涙が出る。
温かくそれは流れる。
それは多分愛おしさに近いもの。
それは多分目には見えない想いのようなもの。
好き過ぎると涙が出る。

ゆっくり、静かに、温かく。

Love 052

どんな事があっても何があっても、そばにいる人はいるし離れてしまう人は離れてしまうという一つの真実。

Love 053

何かを失うと心に穴が空くのは
決して比喩ではなく本当だと思う。
そしてその穴（傷）はなかなか埋まる事はない。
傷はいつ癒えるか自分でも分からない。
でも本当に失ってはいけないのは自分自身だと思う。
いつかその傷が癒えたらまた誰かを好きになれる。
その為に自分を失ってはいけないと思う。

Love
054

「ひとりが楽」というのは少し誤解があって
「誰かと一緒にいる事は特別嫌ではない、
むしろ誰かと出来ればいい関係でありたいけど
簡単にくっついて簡単に別れたり
傷つけたり傷つく浅い関係で終わるくらいなら
ひとりが楽」という事。

Love
055

思い出は無理やりには思い出には出来ない。
まだ胸が痛むならそれはまだ思い出にはなっていない。
想いが大きかったほど思い出には遠い。

いつかそんな時もあったと
自然に笑う事が出来たら
少し成長出来た自分がいるはず。

Love

056

不安と悩みの中、誰かをずっと信じ続ける事は難しい。
それでも自分の気持ちに正直になった時

「好き」が何よりも勝つなら
それを信じればいい。
簡単に誰かを好きにならない
自分を信じればいい。

真っ直ぐな想いは何よりも強い。

Love
057

つまらない駆け引きや嫉妬は多分必要ない。

誰かを失って辛いのは
一番大事な人との未来を一緒に見る事が出来ない事だろう。
その笑顔や分け合った喜びや悲しみが過去になるのは辛い。
だからもし失いたくない人がいるなら本当に今大事にしたい。

Love
058

自分だけじゃ頑張れない時の方が多くて疲れる時に大事な人の顔がふっと浮かぶ。

「喜ぶ顔がみたい」「笑った顔がみたい」とか
大切な誰かの為に頑張れる事がある。
笑わせたいとか喜んで欲しいって気持ちが
結局自分の喜びに変わる瞬間がある。

Love
059

想いを伝えて拒否される事の怖さと
自分の想いの大きさで
「重い」と言われる事に怯えてしまうけれど
結局大事な人と付き合う時には
受け止めてくれるかが一番重要で
それが始まりの全てかもしれない。

Love
060

終わった恋でも続いてる恋でも
「この人と出会えて良かった」と思えたらいい。
出会いはそんなに多くはないけれど
一つひとつの出会いは大切なもので自分を成長させてくれるもの。
終わった恋に「ありがとう」と言えたら、
続いてる恋に「ありがとう」と思えたら
素敵な事。

Love
061

寂しいと感じる時にその人は同時に寂しさをくれる人になる。
どうでもいい人ならば寂しさも感じる事はないだろう。

「寂しい」と感じる事は
改めて誰が大切な人なのかを
再確認する事でもある。

Love
062

積み重ねた数だけ想いがある。
積み重ねた日々に気持ちがある。
何年もずっと後になって振り返って間違いじゃなかった、
出逢えて良かったと言えたなら積み重ねた一日一日が
無駄なものじゃなく大事だったと分かるはず。

いつまでも
誰かを好きになった事に
後悔したくない。
後悔をするとその時の自分を
否定しているようで前に進めない。
「この人を好きで良かった」って
いつまでも思いたい。
そうしたらまた
誰かを心から好きになれそう。

Love
063

Love 064

寂しさからじゃなくただ必要とされたい。
寂しいだけで繋がる関係は特に自分じゃなくてもと思ってしまう。

本当に欲しいのは
必要な人にただ必要とされたい。
それだけでいい。

Love 065

寒くなると人恋しくなるのは
その触れたあたたかい記憶が
ずっと心のどこかにあるからだろう。
忘れたくない記憶ほどずっと胸に残る。

Love
066

いつも後になって「もっとこうしておけば良かった」
「もっとちゃんと言えば良かった」って後悔する事の方が多いから

気持ちが生まれた時に
伝える事は大事なんだと思う。
でも気持ちを伝える事は簡単だけど難しいね。
難しいけど簡単だ。

Love
067

どんな別れ方をしても
相手の笑った顔を忘れる事はなくふと思い出す。

好きだった人は
別れてもずっと変わらず好きなまま。
変わらない気持ちがそこにある。

Love 068

「誰でもいい」なら
これほど悩む事はないだろう。
誰でもよくないから人は悩む。

Love 069

どんなに仲良く友達と笑っていても、
どんなに楽しくしていても
一番そばにいて欲しい人はたった一人で
一番欲しい笑顔もたった一人で
一番満たされる人もたった一人。
代わりがいないから切ない。
代わりがいないからかけがえない。

Love
070

本当にそばにいて欲しい時は
嬉しい時や喜んでる時じゃなく、
どうしようもなく寂しい時や
落ち込んでる時や
眠れない時にそばにいて欲しい。

相手に迷惑かけたくなくて大丈夫と強がるけど本当は素直になりたい。

Love
071

たとえダメになった恋でも気持ちを無理に変える必要はない。
まして嫌いになる必要もない。忘れる必要もない。
好きは好きのまま想いは想いのままでいい。

ずっと忘れたくないと思っていたから、
ずっと嫌いになることはないから、
それほどの覚悟だった自分がいたのなら。

Love 072

信じたい人を信じたい。
傷があるから素直に誰かを100％信じられない。
もう一度繰り返したくなくて、
また同じ傷を受けたくなくて少しだけ疑う自分に自己嫌悪する。
それは悪くない。自分を守ってるだけ。

でもまた100％信じたい。そんな心がちゃんとある。

Love 073

自分が好きな人が必ずしも自分の事を好きだとは限らない。
自分が想ってる人が必ずしも自分の事を想ってるとは限らない。
でもそれは無駄な事なんかじゃない。
必ず両想いである必要はない。
ただ好きなだけ。その心でいい。

Love
074

自分の事を相手がどんな風に思っていたとしても
自分の気持ちは無理に消す必要はないと思う。
簡単に誰かを好きになる事がないなら尚更。
生まれた気持ちは大切にしたらいいと思う。
折角生まれたのだから。
叶わない事の方が多いから、
いつか叶う日まで
誰かを好きになる気持ちは
忘れないでいたいから。

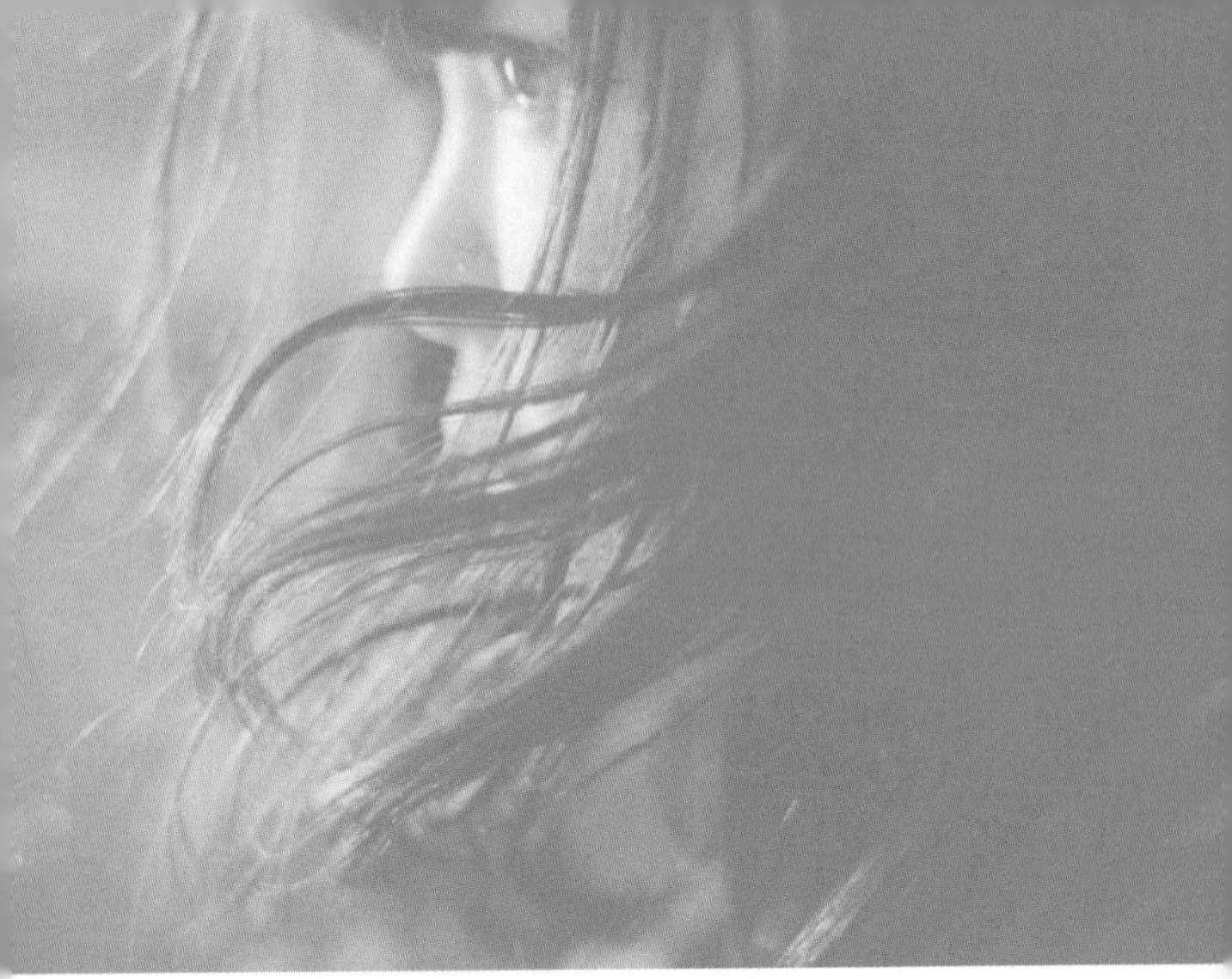

「好きでした」と
無理に過去形にした裏側で
「いまでも好きです」が
時々、自分の意思と裏腹に
風のようにふっと
胸を横切る。

Love
075

Love 076

代わりがいないから大事な人。代わりがいないから大切な人。
似たような人はいても同じ人は二人といない。
代わりがいないからそんな人を失うと辛い。
他の物では埋まる事のない気持ちがある。

だからかけがえない人と出逢うと
嬉しい気持ちと同じくらい失う恐怖も
ついてくる。

Love 077

近づけばもう少し深い気持ちで触れるのに
近づけば今の関係も崩れるかもと躊躇する。

その一歩を踏み込みたくて何度も何度も迷うけれど
一歩進んだ結果より一歩進めた自分を誇れる日は来る。
何かを変える為には自分から動き出すしかないから。

Love

078

傷つかない別れなどなく、
とても深く傷ついたならばそれほど真剣に好きだった証拠。
綺麗な別れなどなく、
ましてや笑ってサヨナラなんて出来ない。
どんな別れも心は泣いている。

Love

079

疑う事は簡単で信じ切る事は難しい。
思い出す事は簡単で忘れる事は難しい。
「大好き」は簡単で「大嫌い」は難しい。

Love 080

大切な事は数ではなく、どれだけ目の前のひとりの人を好きになれたか。

恋愛経験の多さなんて、
なんの自慢にもならない。

Love 081

理屈じゃない「ただ好き」が胸にある時、苦しい時もある。
自分ではどうする事も出来ない感情がそこにあって、
ただ好きなだけじゃ駄目な時がある。
ただ好きは楽しい事ばかりじゃない。
ただ好きだから苦しい事もある。
ただ好きだから忘れられない事もある。
ただ好きは綺麗な事ばかりじゃない。

Love 082

「優しさ」は時に鋭いナイフのように刺さる時があって
優しい人はとても残酷に思う時がある。
ただその優しさが
自分の胸を満たすひとつである事の矛盾。

Love

083

誰かを失っても好きな人は日常だったから
簡単に忘れる事は出来ない。
逆に失った喪失感でその人をより鮮明に思い出す。
その人の夢まで見て忘れてなんかいないと改めて思い知る。
想いは暫く彷徨う。

本気だった。
それを誇りに思える日は必ず来る。
そしてまた誰かを好きになる。

Love

084

一度誰かに裏切られるとまた誰かを信じる事は難しい。
少しなにかあると「この人も？」と疑ってしまう。
また同じように傷つきたくないって当然。
時間はかかるけどまた信じる事が出来たらいいね。

やっぱり好きな人は疑うより信じたい。

Love 085

すぐに諦められるならそれまでの人。
すぐに忘れる事が出来るならそれまでの人。
忘れられなくて諦めきれないから苦しい。
それほど簡単じゃなく真剣なほどその想いは強い。

未練や想いが残るのは悪い事じゃない。
苦しいけどそれほど誰かを好きになれた証拠。

Love 086

恋人がいないってだけで卑屈になる必要はない。
特別好きな人がいなければ無理に誰かと一緒になる必要はない。

誰にも媚びず自分のしたい事をして
自分らしく生きる事は妥協して
誰かといるよりよほどいい。

恋人は作るものじゃなくていつの間にか横にいる人。

Love
087

好きだから期待してしまうのは当然だ。
ただその期待があるから叶わない時に
少しがっかりしてしまう。
最初から期待しなきゃいいのにね。でも仕方ない。

好きな人には期待してしまう。
好きな気持ちは少し厄介だ。

でも悪い気分じゃない。

Love
088

独りで生きていくのはとてもキツい時があるから
頑張れる人や言葉があるといいね。
「その人の為に」というと何か恩着せがましいけれど
「あなたがいるから頑張れる」
ってことがある。

Love
089

一番大切な人は誰か分かっている人は幸せ。
その人を大切にすればいい。

一番大切な人が分からない時、自分のそばで笑ったり泣いたりしてくれる人が大切な人。

近過ぎて分からない時がある。
あたりまえで気付かない時がある。
本当に大切な人は本当に近くにいる。

Love
090

一緒にいる事で自分らしくなれる。
自分がどんな事で笑ったり泣いたりするのか気付かせてくれる人。
自分が自分らしくいられる場所。
温かい場所、大切な人。

Love
091

好きな人にはちゃんと好きだと言えたらいいね。
相手がたとえ自分を好きになってくれなくても伝える事は大事だと思う。
伝えない想いだけが片想いじゃない。
伝えてからも片想いでもいい。
そんな気持ちは無駄にはならない。

Love
092

一度でも「また会いたい」と思う人は
何度でもまた会いたいと思う。
一度でもさよならをして「寂しい」と感じたら
何度さよならをしてもまた寂しいと思う。
また会いたいや寂しいに終わりはない。
終わりがないから会えた時また嬉しい。
会いたい気持ちが消えないように。
寂しい気持ちがなくならないように。

Love 093

一番悲しいのは嫌われる事ではなく存在を忘れられる事。
自分との関係が「なかった事」になるのが悲しい。
たとえ僅かな時間でも心通わせた人なら

少しでもいいから胸に残っていて欲しい。
その時間が本当だったと信じたい。

Love 094

簡単に忘れられないのは
相手の声の響きや香りや触れた感触。

笑った顔や仕草や癖、共に過ごした想い出が
深く染み込んでいるんだろう。
それはどんなに頑張っても簡単にはなくなる事はない。
染み込んだ想いは深く木の根のよう。
それは本当に自分の一部だったから。

Love
095

相手のとても普通な仕草や言葉、行動が
自分にとって「特別なもの」だと感じる時、
その人は特別な存在になる。

離れた時にふっと思い出して心揺れ、
寂しさや切ないと思った時、
改めてその特別さを思い知る。

好きな人が夢に出てくるのは
自分だけじゃなく
相手の方も自分の事を
思い出してくれているから
夢に出てくるらしい。
そう思うと少し嬉しくて
夢だから少し切ない。

Love
096

Love

097

思い悩むという事は悪い事ではない。
簡単ではないから思い悩むのだと思う。

それは例えば自分の気持ちだったり
大事な人の事だったり。

人の気持ちは形では見えなくて簡単ではない。
だから悩む。それは今より
もっと良くしたい気持ちのあらわれ。
だから深く思い悩むほど大事な人であるという事。

今日がいい一日になるかは分からないけれど
今日という日は今日しかなく
とても貴重な物と思えたら大事にしたい。

Life

chapter 2 日常

Life 001

優しさを忘れた時は
大抵余裕がない時で誰かに辛くあたってしまう。
優しさをなくすと心が少しだけ欠ける。

ずっと優しくいる事は難しいけれど
大事な誰かの為の優しさは忘れたくない。

Life 002

言葉が足りない。気持ちが足りない。
会う時間が足りない。相手の想いが足りない。

足りない、足りないと嘆いて
不安な日を過ごす人に一番足りないのは
自信なんじゃないかな。

自分に僅かでも大丈夫って自信があれば
少しの言葉でも想いでも気持ちでも相手を信じられる。
自信が欲しい。

Life 003

悲しいと感じるならその気持ちをそのまま受け止めればいい。
自分の感情に嘘をつくと何が本当の気持ちなのか分からなくなる。
ずっと笑っている方が幸せなのだけれど悲しい日も必ずある。
悲しいと思ったなら、
その悲しみをそのまま受け取ればいい。

Life 004

いつも失敗しても誰かのせいにしない人は強いね。
誰かのせいにするのは簡単だけれど
一番悔しくて納得出来ないから
誰かのせいにはしたくないんだね。

誰かのせいにしない失敗は自分の為になるね。

Life
005

自分で選んだのならもう少し信じてあげなくちゃね。
自分が選ばれたのならもう少し自信を持ちたいね。
誰かから必要とされるなんて
幸せな事だから。

Life
006

人の気持ちも天気のように雨の日があったり
晴れの日もある。
何かあった訳じゃないけどブルーな時もある。
それは自然で人間らしくていいなと思う。
落ち込んでいる時に誰かが
傘をさしてくれるかもしれない。
そんな誰かの優しさを
感じる日もある。
雨の日にもいい事はある。

Life
007

「疲れたら休む」ってのは
カラダよりこころを
優先した方がいい。

Life 008

自分の気持ちが相手と同様である事をいつも求めてしまう。

誰でも必要な人に必要とされたい。
自分が求める相手が自分を求めてくれたら嬉しい。
「自分だけ」と思ってしまう事が何より辛い。

Life 009

今日がダメな日で良かったと思えたら明日はもっといい日。

今日がダメだった日なら明日頑張ろうと思うし、
今日がいい日なら明日もっといい日にしたいと思う。
今日がダメだったと感じる事はもっと出来た、
もっといい日にしたいって思うから。
だから本当はいい日よりダメな日の方が大事なんだ。

Life
010

大事な事は多分一番になる事じゃなくて、ちゃんと前を向いて進んでいる事。

よくしゃべる人ほど淋しがりで無口な人ほど話したい事があって
困らせた人ほど大好きで素直になれない人ほど愛しくて。

Life
011

いつも真逆な態度になるのは
本当の自分を見せる事に照れや恥ずかしさがあるから。

本当はありのままでいたい。素直は一番簡単で一番難しい。

Life 012

人から悪口を言われた時はすごく落ち込んだりもするけれど
憎しみや憎悪の感情はきっと違う形で言った本人に返ってくる。
だから悪口を言われたら、そんな言葉を言ったのが
自分じゃなくて良かったと思えばいい。

時間は限りがあって速く流れる貴重なもの。
つまらない事に思い悩む時間はもったいない。

Life 013

優しさは連鎖する。
優しくなれない時、余裕がない時に優しくされると気持ちが楽になる。
肩の力が抜ける。悩んでいる事がバカバカしく思える。
少し元気になる。そして自分も優しくありたいと思う。

Life
014

真剣だから本気で傷つく。本気だから真剣にぶつかる。
中途半端な気持ちじゃないから避けられない衝突がある。
笑ってやり過ごせない感情がある。

楽な道じゃなくて、
ぶつかったその先に強いものがあるなら
本気で傷つく事は悪くない。

Life
015

人との距離はいつも難しい。
とても近づきたいのに
あまり距離を縮めると嫌われないかと不安になり、
また遠くにいても自分の存在が
認識されているのか分からなくなる。
「ほどよい距離」が一番いいのは分かるけれど、
そんなものは理性がうまく働く人で、
心はずっと近づきたいに決まっている。

嫌な事があったら次の日になるべく持ち越さない。
忘れてしまうか早く寝てしまうか
美味しい物を食べて飲んで幸せになるか。
今日の悪い事は
今日の日に終わらせる。
明日は明日。そうじゃないと
新しい明日がもったいない。

Life 016

Life 017

ちょっとしたひと言で落ち込んだり、
ちょっとしたひと言で一日頑張れたりする人がいる。
そのひと言が響く人ほど自分が大切に思いたい人で
嬉しくなったり死ぬほど悲しくて感情が揺れる時がある。

大切な人の言葉は
どんな小さなひと言でも胸に響く。

「疲れた」と言うのは甘えなのかもしれないけど
「疲れた」と言える相手がいる事は大事だ。
「疲れた」と言って「お疲れ様」と返ってくる事、
そして疲れたと言われてお疲れ様と言える事。
それだけで気持ちの疲れは減るのだから。

Life 018

我慢をして飲み込んだいくつかの言葉。
迷惑になるだろうと口に出せなかった言葉。

Life 019

言いたい事も言えず
ただ相手に合わせるだけの関係ならば
衝突も少ないけれど相手との距離は近そうで遠い。

もともと小さな悩みだったのに、
自分で大きくすることがある。
悩み事や不安は誰にでもあるけれど
自分で大きくすることはない。

Life 020

自分で大きくするより
小さな内に悩みや
不安の荷物を
おろしてあげたい。

自分の気持ちを
相手に伝える時に
「うまく言えない」なんて
当たり前の事だと思う。
むしろうまく言わなくても
いいと思う。

うまく言う必要はなくて、
ただ自分の言葉でいい。
短くても自分の気持ちを
言葉に乗せればちゃんと伝わる。

Life
021

Life 022

素直になりたい時に素直になりたい。
素直になれない時、自分の中の小さな意地や
理解されない事が積み重なって簡単に素直になれない。

素直になるのが一番だと分かっているけど
出来ない時がある。
喧嘩しても本当は許している事が多い。
ただ素直になる動機を探しているだけ。

Life 023

人によって傷つく度合いは違って、
自分がこんな事言っても大丈夫だろうって事でも
言われた相手にすれば物凄く傷つく事もある。
傷というのは受ける深さも人それぞれで
言い放った人間は忘れた事でも
受けた人は何年も深く残っている事もある。
自分だけの物差しで人の傷を判断する事はとても危うい。

Life
024

嫌な人、苦手な人は必ず自分の周りにいる。
そう思うのはその人と距離が近いからだ。
だから嫌だな、苦手だなと感じたら距離を取ればいい。
物理的に出来ない時は心の距離を取ればいい。

苦手な人と無理に仲良くなる必要は全くない。
これは逃げじゃなく自分を守る事。

Life
025

人と比べて落ち込むのはやめよう。
誰かと比べて優っているなんて優越感はただ虚しい。
また劣っていると卑屈になってもキリがない。

自分は自分でしかなく他の誰でもない。

それを誇らしく思おう。
誰かと比べてしまうのは自分に自信がないからかもしれない。
少しだけ自信を持ちたい。

Life
026

甘える事が出来なくて、ずっとひとりで頑張って来た人は強いと思う。
ただ本当は甘えたいと思う人には甘えたいのだと思う。
甘え方を忘れてしまって、それが普通の事になってしまった。
甘える事は弱さを見せる事だけれど頼られる事って嬉しいから、
たまには甘えていいと思う。

Life
027

先に何か楽しみがあるといい。
それは小さな約束でもいい。
大袈裟ではなく本当に「その為に生きていける」と思うような。

楽しい事を先に作れば、
今ある辛さも少しは和らぐ。

Life
028

悪口や陰口に傷つく事があって、
それを気にしない強さを持つ事は難しい。
けれどその相手が自分にとって大事な人なのか、
自分が傷つくまでに値する相手なのかを考えると少し楽になる。

近過ぎて見えない事がある。近過ぎて見失うものがある。
いつもすぐそばにあるからそれがあたり前になって
その大切さを忘れてしまう。大事な人は失いたくない。
あたり前じゃない時間に
あたり前じゃない日常に
あたり前じゃないその人に
「大切」だと伝えたい。

Life
029

Life 030

楽しい事ばかりじゃないけれど
笑顔に戻れる場所があればいいね。

忙し過ぎたり余裕がないと
笑う事も忘れてしまうから
「あぁ自分はこんな風に笑えたんだ」って
笑顔にしてくれる人は大事だな。
我慢じゃないけど辛い時でも笑えたらいい。

Life 031

嫌われたくないからとみんなにいい顔する人は
後々しんどくなってくる。
また、みんなにいい顔をしている人は
知らずに誰かを傷つけている傾向がある。
多少嫌われてもいいと思えたら楽かもしれない、
その分自分を必要としてくれる人を大事にすればいい。

Life 032

今日頑張れたら明日頑張れる。
明日頑張れたら明後日も頑張れる。
そうやって一日一日毎日頑張れたらいい。
けど毎日頑張ることは正直しんどい。
だから何日かは頑張らない日を作る。
心と体を休める。

頑張らない日は
頑張る日と同じくらい大切。

ネガティブなのは今までの経験やトラウマがあったりして
必要以上に相手を警戒してしまうのだと思う。
前のように傷つきたくはないと誰でも思うから。
近づきたくない訳じゃなく、近づけないのかもしれない。

本当は前向きでいたい、
でも無理やりポジティブになる必要はない。

Life 033

Life
034

誰かに捨てられた花でも
誰かに踏みつけられた花でも
花は花。
ただ自分が美しいと
思ったものを信じればいい。

Life 035

「ごめんなさい」が遠い日は
自分の「素直さ」が遠い日。

Life 036

嫌われたくないからメールを控え、
嫌われたくないから本音が聞けなくて、
嫌われたくないから我慢する。
嫌われたくないから自分を押し殺して
我慢する事がいい事だと思わない。

多少嫌われても本当の自分を見せたい。
信じたい人には本音でぶつかりたい。

Life 037

誰でも不幸など求めていないのに
あまり幸せと感じないのは
幸せに気付いていないだけなのかもしれない。
幸せはずっとそばにいるとは
限らないけれど
小さくても近くに来た幸せには
気付いてあげたい。

Life 038

何気ないひと言が嬉しくて
何気ないひと言で一日頑張れたりする。
そんな言葉をくれる人は大切だ。
そんな人を、そんな言葉を大事にしたい。

Life 039

悩んで凹んで落ち込んだ時は
無理やりポジティブになる必要はない。
元気が出ない日もある。
そんな時に話を聞いてくれる誰かがいたらいい。
それだけで少し元気になる。
遠慮する事はない。
そして今度その相手が落ち込んだ時、
元気をあげられる自分でありたい。

Life 040

人を信じて裏切られる事を繰り返すと
人を信じる事が怖くなる。
本当は信じたいのにこの人もと思ってしまう。
誰でも傷つくのは怖い。同じ痛みを繰り返したくない。

裏切られてもいいって思うほど
強くなれないけど
信じたいと思う人を信じたい。

Life
041

ものすごく腹が立った時に
その事が腹を立てるほどの価値ある事か、
腹を立てるほどの価値ある人かを
一旦落ち着いて冷静に考えると
最初あった怒りが少しずつ落ち着く。

Life
042

自分の駄目な所を指摘してくれる人は大事だ。
誰だって欠点はあるけれどそれをちゃんと言ってくれる人と、
言わないでいる人には差がある。
喧嘩になってもいい覚悟で指摘するには勇気がいる。
けれどそれは相手を思っての気持ち。
どうでもいい人ならば黙っている。

Life
043

人ひとりと付き合う事は かなりの覚悟がいる。

めんどくさい事があったり、
綺麗な事ばかりではないからだ。
ただそれをめんどくさいと思わずに
一緒に乗り越えられるか、
綺麗な所だけじゃなく互いの駄目な所を見られるのかは
とても重要で色んな意味で「付き合う」になる。

Life 044

弱い事がダメなのではなくて、
弱い自分を見て見ぬふりをする事がダメなのだ。
弱い自分を自分が一番認めてあげなくちゃいけない。
それは大事な相手に対してもそう。

Life 045

甘える事を我慢していると
甘える事がどんな事なのか忘れてしまう。
甘えたい人に甘える事が出来る人は幸せだ。
「自分が我慢すれば」と思うと上手く甘えられない。
人と付き合うのは迷惑のかけっぱなしだ。
この人には甘えられる、
我慢しなくていいと思える人がいたらいい。

Life 046

本当に寂しいと感じる時は
独りでいる時じゃなく、
誰からも必要とされていないと
感じる時だと思う。
だから自分が必要と言われたりそう感じると嬉しい。
そこに自分の場所がある事が嬉しい。

Life 047

なかなか口に出来ない事って、それは本音なんだよね。

本当はその本音を言いたいのだけれど
相手の事を考えてしまって思いとどまる。口に出来たらどんなに楽だろうと。
本音は自分の中の真実ではあるけれど相手はその本音で傷つくかもしれない。
本音が、真実が、綺麗な事ばかりじゃないから苦しい。

Life 048

自分に何が出来るんだろうって考えた時に
無力と考えないで最善を尽くす方がいい。
触れる距離にいるならそばにいて、
繋げる手があるなら繋いで、
聞ける話があるなら聞く。
何も出来ないと嘆くより
その人に何が出来るかを考えたい。
何もしないのはゼロという事。

Life 049

「強いね」と言われ続けて強いフリをして「頑張ってるね」と言われて頑張り続ける。

弱音も吐けず走り続けて無理をして
気が付くとカラダも心も疲れ果てるのは悲しい。
立ち止まって自分を見る時間があるといい。
一番最初に自分の事は自分で気付いてあげたい。

Life 050

何か言われていちいち傷ついてる暇はない。

その人は自分が傷ついているとは思っていないし、
その人が放った言葉もその人はすぐ忘れてしまうだろう。
気にして傷ついて、その言葉が頭から離れなくて
ずっと悩むのは随分損だ。それほどの人ではないのだ。

Life
051

よく分からない不安が突然やって来て、
なにもかも駄目かもしれないと思う時もあるけど、
不安ばかり気にしていては毎日がもったいないから
一日を振りかえって自分なりに頑張れたらそれでいいと思う。
自分を褒める事でまた新しい一日を楽しめたらそれでいい。

Life
052

なんでもない事を話せる人がいたらいいね。
特に用事がなくても、それがたとえつまらない話でも。
ただ話をしたい時がある。
特別な話ではなく、ありふれた日常の事。
聞いてくれる人がいる。
ただそれだけで嬉しい時がある。

Life 053

好きなだけじゃ
だめな事もあるけれど
「好きなものは好き」と言える
強さが欲しい。

Life 054

苦手だなと思う人は距離を取って接すればいいのだけど
苦手な人と仕事する時だってある。
でも苦手なものは苦手なのだ。無理に好きになる必要はない。
無理に近付いても「あ、やっぱり無理だ」って思い知らされるだけ。
媚びやごますりをして自分をすり減らすより
苦手だと認め精神的な距離を取ればいい。

Life 055

つまらない人や言葉に傷つく必要はない。
落ち込む労力を使う必要もない。

限られた時間の中で
必要な事は何かを考えれば
傷つき悩む時間がもったいない。

どうでもいい人なら傷つく事はない。
傷ついたと自分が感じる相手は
必ずどうでもいい人ではない。

Life 056

おそらく泣く事は
自分の中で最も弱い部分を
さらけ出す事だから
人はなかなか泣かない。
誰かと笑い合う事はあっても
泣く姿を見せる事は少ない。
だから友達でも恋人でも
泣く姿を見せるという事は
気を許されているという事。
相手にどうして欲しいとかじゃなくて、
ただ泣ける場所だという事。

「疲れたら休めばいい」って事は分かるけれど
休んでしまったら取り残されそうな、
置いていかれそうな気分になるんだろう。
ずっと長く走る為には
ちゃんと自分の事を解っていたい。
心や体を壊してしまえば意味はない。

どんなに遅くても
最後まで走れたら
やっぱりかっこいい。
その為に休む事は
必要な事。

Life
057

友達がくれたものは優しさだったり
目には見えない繋がりだったりする。
毎日当たり前のように近くにいると
それを忘れる時がある。
たぶん誰よりも感謝してる。

chapter 3 友達

Friend

Friend 001

「そのままでいい」

と言ってくれる人は大事だな。
少し背伸びをして別の何かになろうとしても
「そのままでいい」と今の自分を受け入れてくれる。
特別に変わらなくていいと肯定してくれる強さは心強い。

Friend 002

自分の心が無理をすると自分らしさを見失う。
みんなにいい顔をしようとすると
自分が気づかない内に心に無理がくる。
本当に大事な人にはありのままでいたい。

自分の「本当」は誰にでも見せる必要はない。

理解したい、理解してくれるその人だけでもいい。

Friend 003

どんな時も必ず味方でいてくれる人がいれば心強い。
その「必ず」は絶対だ。
必ず味方、絶対に味方なんてなかなかいない。
だから心強い。

Friend 004

いつでも自分を支えるのは誰かの優しさで、
そんな人達に甘えてはいけないなと思うけれど
心の中で何度も「ありがとう」と繰り返す。
自分もそんな風に自然に優しくなれたらと思う。

Friend
005

「大好きだよ」と口にしないけど
「大好きだよ」と思う仲間がいる
とても身近に、すぐそばに。

Friend 006

自分の弱さを認めることが出来たら
少し強くなれるかもしれない。
相手の弱さを認めることが出来たら
優しくなれるかもしれない。

お互いの弱さと向き合うことで分かり合えるものがあるなら、
弱さを見せ合うことで互いに強くなれる。

Friend 007

恋人は別れればもう恋人には戻れないけれど
友達は離れればなれになってもずっと友達だ。
恋人や親に話せない事も友達だったら話せる事もある。
そして友達は自分にとっていい距離感でいてくれる。
そんな友達が一人でもいたらいい。

Friend 008

どこまでも逃げる事は簡単だけれど
逃げて逃げて逃げた先に何があるだろう。
傷ついても向き合う事で、
ぶつかって理解出来ることもある。

逃げる事は
誰にでも出来る。
向き合う勇気が欲しい。

駄目な所を指摘してくれる人がいたらいい。
相手の駄目な所を指摘する事は勇気がいる。
互いの関係が悪くなる事も
あるかもしれないから。
それでもちゃんと言ってくれるのは
相手を思っての事だと思う。
嫌われる覚悟で言うのは
ずっと長く付き合いたいからだと思う。

Friend
009

Friend
010

寂しさは常に誰にでもあって、
どんなに強がっても一人は寂しい。
ただ寂しさで誰かと繋がっても
また寂しくなるだけ。
自分の心の穴は自分が思うより
広く埋まる事はない。
寂しさはあってもいい。
ただ寂しさだけで繋がったものは脆く儚い。

Friend
011

悩みは結局最後は自分で解決するしかなくて、
自分がどうしたいのかは自分が一番よく知っている。
ただ、本当にそれでいいのか確信が持てなくて、
ただ迷う時に大丈夫だと背中を押してくれる
友達がいたらいい。
誰より自分をよく知っている友達はありがたい。

Friend
012

自分の事が分からない時、
自分の事を思い出させてくれる人がいる。
自分らしさを見失った時、
自分らしさに気付かせてくれる人がいる。
相手を知るという事はその人の、
その人らしさを知るという事。

Friend
013

心配してくれる人がいるという事は
とても幸せな事かもしれない。

Friend
014

「この人がいてくれて良かった」

と思う人の大切さはその人と少し離れてみるとよく分かる。

例えば恋人、例えば友達、例えば両親。

近過ぎて気付かない事も
少し離れてみると分かる事がある。

近くにいても離れていてもその事を忘れないでいたい。

Friend
015

友達だから何を言ってもいいとは限らない。

友達だから何をしてもいいとは限らない。

友達だからお互いの距離は保ちたい。

一番分かり合える友達は
一番お互いの距離を分かっている。

Friend 016

「傷ついた」と思う度合いは
人によって全く違うという事を知らないといけない。
「これくらいは大丈夫」と思って投げた言葉も
人によっては傷つく事だってある。
それくらいで？　と思うかもしれない。

自分だけの尺度で物事を見ると
知らぬ間に誰かを傷つけている事がある。

Friend 017

悲しい出来事があっても誰かの優しさでまた頑張れる。
特別な言葉じゃなくただ自分を見てくれていた。その事が嬉しい。
自分だけではどうにもならない事。
それを聞いてくれる人。それが嬉しい。

優しさは特別な事をする事じゃない。
ただそっと近くに感じるもの。

Friend
018

もう十分頑張っている人に「頑張れ」とは言えないけれど
応援しているって意味で頑張れと言う事がある。
頑張り過ぎると知らぬ間に疲れてしまう事を知ってるから
何度も「頑張れ」とは言えない。
十分頑張っている人に頑張れとはなかなか言えない。
ただ応援してるって伝えたいだけ。

Friend
019

どんなに好きな人でも言えない言葉がある。迷惑かけたくないから飲み込む言葉がある。

そんな時に話を聞いてくれる人がいたらいい。
ただ黙って頷いて話を聞いて欲しい。
あのねと相談して、うんうんと聞いてくれるだけでいい。
そんな人は大事な人だ。心が軽くなる。

Friend
020

「私はあなたの味方です」って人が
一人でもいたら救われる。
自信がない時や、つまらない噂や悪口が耳に入った時に
大丈夫と支えてくれる人がいれば自分を見失う事はない。

悪意や悪口で
自分を見失いそうな時、
自分の信じた人を信じればいい。

Friend
021

自分の居場所が分からないと居心地が悪く不安になる。
誰か大事な人に肯定されるだけで
「ここにいてもいいんだ」と安心する。

自分の場所を見失う時、
自分の事を解ってくれている人は灯りになる。
そしてその灯りはあたたかい。

Friend
022

自分が余裕のない時に不安の風船を
割れないように支えてくれる人がいる。
倒れそうな背中を支えてくれる人がいる。
そんな不安の種をなくし笑顔にしてくれる人は
本当にありがたい。

大切な人のひと言は
不安の種を花にする。

Friend
023

「あなたがいて良かった」と言われたい。
自分がした事が肯定されているようで嬉しい。
その相手が自分にとって大切な人なら
尚更必要とされたい。
「あなたがいて良かった」は最高の褒め言葉だ。

Friend
024

友達の何が最高かというと
一緒にバカ出来たり時に真剣にアドバイスをくれたり
親や恋人にも言えない悩みを聞いてくれて
一緒に笑ったり泣いたり出来る事だろう。
友達は沢山いるほうがもちろんいい。
ただ広く浅くじゃなくて
一人でもいいから深く話せる友達がいい。

Friend
025

他人ならば「遠く感じる」という事はない。
遠く感じると思うなら
それだけ自分の中で近くにいた人だから。
ずっと近くに感じていた人が遠く感じられる時は寂しい。
人との距離は大事に思う人ほど
近くに感じていたい。

Friend 026

自分にとって「特別な人」は
特になにか特別な事を
してくれるわけじゃない。
ただ話をしたり一緒にいたりするだけで
自分らしさを取り戻せて
新しい自分も発見出来る。
その人がいる。ただそれだけでいい。
そう思う人には多く出逢う事はない。
だから特別なんだ。

Friend 027

理性で抑えられない感情なら
本当に自分の心が揺れたものだからだろう。
何かを我慢して本音が言えないなら、
これからも本音が言えない関係で終わってしまう。

本当の自分を見せる事は
圧倒的な不安や恐怖を伴うけれど
本音でぶつかる事で理解し合える事もある。

Friend 028

喧嘩はなるべくしたくはないけれど、
喧嘩をするって自分の言いたい事を遠慮なく言えてる証拠で
相手がどうでもいい人ならば喧嘩もしないだろうし
解って欲しいとは思わないだろう。
一番解って欲しい人だから喧嘩になる時がある。

Friend
029

つらい時に「大丈夫?」と聞かれて
「大丈夫」と答えるのは
相手に迷惑をかけたくないからだけれど

「大丈夫じゃない、つらい」と
素直に言える人がいたらいい。
大切な人の弱さは
迷惑ではない。

Friend
030

気持ちが塞ぐと笑い方を忘れてしまうから、
どんなつまらない事でもいいから
笑い合える友達がいたらいい。
作り笑いなどせず、自然に笑える相手がいたらいい。
気持ちが晴れる。

Friend
031

友達でも恋人でも
無理をして繋がった関係はいずれ苦しくなる。
変に気を使ったりはお互いに辛い。
そばにいて落ち着くって大事で
「この人といると自分らしくなれる」っていい。

自分らしさ失う関係より
自分らしさ思い出させてくれる
関係がいい。

Friend
032

自分のことを好きになるのは難しい。
自分で自分のことが分からない時があるから。
だからもし自分を肯定してくれる誰かがいるのなら、
見返りもなく好きだと言ってくれる人がいるのなら
自分のことを認めてあげることが出来そう。
受け入れてくれる人がいる、それだけで自信になる。

Friend 033

自分らしさなんて
自分が一番よくわかってないから
自分らしさに気付かせてくれる人は
とても貴重なんだ。
そして自分らしくいられる場所や
相手がいることはとても大切だ。

Friend 034

自分が相手に何かをした記憶より、
相手が自分にしてくれた事の方が
記憶は鮮明に残っている気がする。
嬉しかった記憶はずっと残る気がする。
だから自分が何かする事で大切な誰かに
そんな記憶が少しでも残ればいい。

Friend 035

友達だから言える事がある。
友達だから聞いて欲しい事がある。
なかなか口に出せない悩みも
聞いてくれる人がいると気持ちが軽くなる。

「いつもありがとう」のその先に
いつも大事な人がいる。

Friend 036

友達のいい所は
サヨナラをしてもずっと友達でいる事だ。
そのサヨナラはどれくらいのサヨナラか分からない。
一ヶ月後かもしれないし、ずっとサヨナラかもしれない。
それでも、ただ変わりなくずっと友達なのだ。

サヨナラは寂しいけれど
変わらないものがある。

Friend
037

ずっと自分を責めてもきりがない。
誰が悪いとかじゃなく、
そうする事が最善だったと
誰かを強く想えたなら、
いつかその傷が癒えた時に
自分を誇れる日が来る。

Friend
038

本当は深く傷付いている友人が笑っているのを見ると、
その人の優しさに改めて気付いて、
泣かないでいる姿を見ると、その人の強さにまた気付く。
相手が大事な人だから余計甘えられないのかもしれない。

Friend

039

どんなに崩れそうでもそばにいてくれる事。
目には見えないけど繋がっている安心感。
不安と揺らぎの中、
支えてくれる人がいるなら感謝。

Friend

040

「この人に自分は何が出来るだろう」と考えたい。
「してあげる」という言葉が本当に嫌いだから。

Friend 041

信用は誰かと付き合う上で一番大事なもので
それは最初からあるものじゃない。

心許せる人になるには
毎日少しずつの信用が積み重なっている。
形や言葉も大事だけれど向き合う態度で
信用が分かる。

Friend 042

本当の友達って
いつ友達になったのか分からないくらいに
自然に友達になっていて、
いつの間にか仲良くなってて
「あのね」って相談したら
「んー、どした?」って何でも聞いてくれる。
その相談も親にも恋人にも相談出来ない内容だったりする。
沢山の友達よりそんな友達がひとりでもいたらいい。

Friend 043

自分の嫌いな事や
人の悪口で繋がって仲良くなるより、
自分の好きな事や好きな人と繋がりたい。
自分の嫌いな物を他人と共有して安心したくない。
好きな人と好きな事を共有した方がずっと楽しい。

Friend
044

「あなたなら大丈夫」なんて
簡単に言って欲しくはないけれど
自分の事をよく知っている人の
言葉なら勇気になる。
とても不安でどうしようもない時、
そんな大丈夫って言葉に励まされたりするんだ。
大丈夫という言葉はお互いの信頼関係が深いほど
強いお守りに変わる。

Friend
045

とても一人だけでは
頑張れない時もある
から誰かを求めるの
でしょう。とても一

人だけでは寂し過ぎるから誰かと繫がるのでしょう。だからいつもそばにいる人に感謝。

新しいドアを開けるのは不安ばかりだ。
ただ少しの期待はある。
それは小さな期待だけど不安に勝つ事が出来る。
自分が晴れた景色を見たいなら
ドアを開けなくちゃいけない。

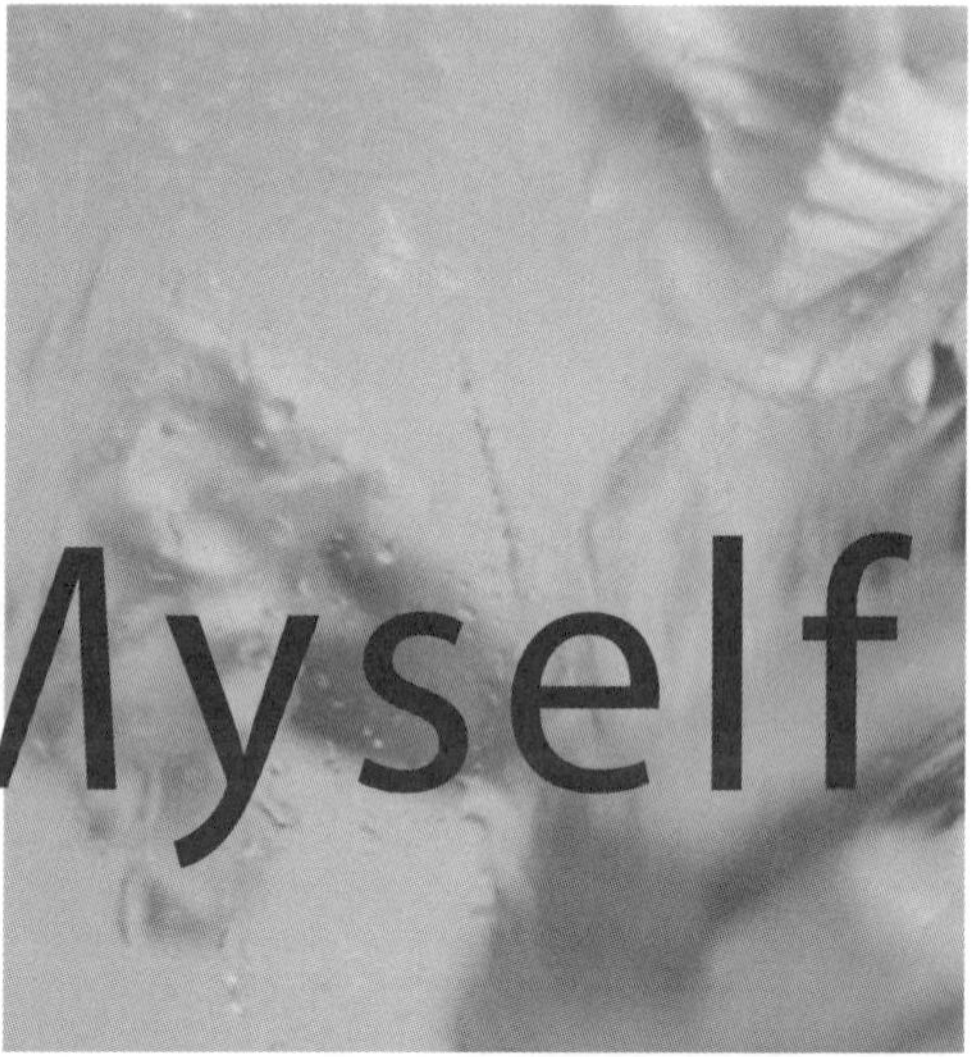

Myself

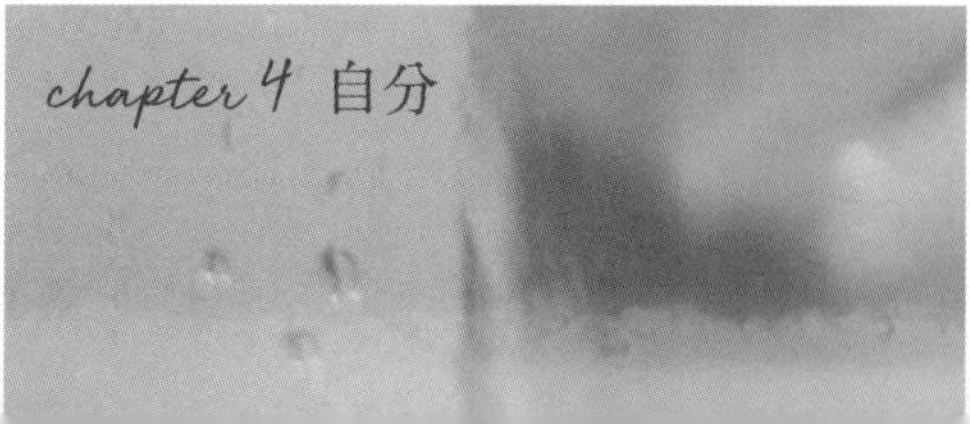

chapter 4 自分

Myself
001

大きい幸せなんて、そんなものはない。自分にとって幸せはとても小さく、ささやかなものでありきたりなものなのだ。

その小さな幸せが少しずつ毎日積み重なって
ずっと何年も後に振り返った時にその大きさに気付く。
その毎日の小さな幸せにちゃんと気付いてあげられることが何より幸せだ。

Myself
002

時に自分が置いてきぼりになったような気持ちになる時がある。
他人の方が上手く早く何でもこなしている気がする。
ただゆっくりでもゆっくりの方が見える景色や空気がある。
それは自分だけのものだ。
見過ごしたくない時間があるから自分のペースでいたい。

Myself
003

自分の中の気持ちの余裕や心の容量は自分でもよく分からない時がある。

とっくに容量を超え溢れ出たものさえ気付かず必死でいて「疲れた」とも言えず、いつの間にか立ちすくむ。
もうダメだ、無理、と自分で分かるなら
休む事も必要でそれは弱いという事ではない。

Myself
004

大なり小なり誰でも傷を持っている。
毎日笑って悩みなどないような人でも
ちゃんと傷を持っている。ただそれを見せてないだけ。
それなのに自分ばかり傷を持ってるとか、悩んでるとか。
みんなみんな悩んでいる。

それでも頑張ってるよ。強いね。

きっと色んなものを捨ててしまえば
もっと楽になるのに、軽くなるのにと思うけれど
捨てられないのは
それはまだ大事なものなのだと思う。
心のどこかでまだ捨てたくないものなのだと思う。
大事にして来たものなら尚更捨てる事は難しい。

Myself
005

Myself
006

自分が思い描いた理想と現実が少し違っても
落ち込む必要はない。
それはただまだ道の途中なのかもしれない。
自分がどうしたいのかを分かっているなら迷う事はない。
ただそこに辿り着くのが早いか遅いかだけの違い。

Myself 007

他人と比べる事で劣等感や優越感を感じるより、
自分の優先事項は何かと考えた時、
誰かと比べるのではなく、自分らしさを磨きたい。
自分らしさが分からなければ探しに行きたい。
人と比べる事で自分らしさを見失いたくない。

Myself 008

価値あるものは自分で決めるものだから
人の価値基準を自分に当てはめても意味がない。
たとえ石ころでも自分にとって価値あるものなら宝物になる。
自分の気持ちもそう。
自分が価値あるものだと思えたらそれを信じればいい。
石ころだと言われるなら言わせておけばいい。

自分の価値あるものは自分で決める。

Myself
009

自分の気持ちに嘘をついたら、
後悔ばかりが残りそう。
自分に正直にいる事は楽じゃなくて
誰かと衝突することもある。
ただ自分のゆずれないもの、
ブレないものがある人は強い。
嘘のない真っ直ぐさは
優しく誰かの胸に必ず刺さる。

Myself 010

「努力すれば報われる」というのは嘘で、
努力しても頑張っても報われない事の方が多い。
ただ努力なしで手に入れたものにはあまり価値がなく
本当に自分がしたい事や満たされるものは
努力しないと手に入らない。

Myself 011

長く暗いトンネルのような
ひどく落ち込んだ日が長く続いても、
永遠に続くものはないと思えば
いつかその長いトンネルを抜ける日は来る。
それは多分全て自分の気持ち次第。

Myself 012

自分に余裕がない時つい他人に対して
冷たい態度をとってしまう。
そして後からもう少し優しく出来たのにと思って後悔する。
自分の感情に左右され
人を無駄に傷つける事が多い。

人を傷つけない人はいないが
もう少し優しくなれる余裕を持ちたい。

Myself
013

人は落ち込んだり、
どうしようもない状態を乗り越えた時にきっと強くなるのだと思う。
でもきっとまた新しい悩みや困難があって
また落ち込んだりするんだろう。
そしてその度乗り越えて少しずつ強くなるのかもしれない。

だから今なにかで悩んでいるのなら
強くなる為の準備だと思う。

Myself
014

自分の痛みにも人の痛みにも鈍感になりたくない。

本当は傷ついているのに強がって
傷ついてないフリをするのは強さとは違う。
強い人は多分その傷から目をそらさない。

ちゃんと傷を傷として向き合う事が出来たら
少しだけ前を向けそう。

Myself
015

いい事ばかりじゃないから落ち込む日の方が多い。
楽しい事ばかりじゃないから辛い日の方が多い。
頑張ってもダメな日もある。

明日いい日に必ずなるとは限らないけれど、
いい日になると信じたい。
そう思うのは、そう出来るのは全部自分次第。

Myself
016

本当に何も考えたくないほど深くしずむ時がある。
「どうでもいいや」とすべて投げ出したくなる瞬間があって
それでも時間が経てばいつの間にか
しっかり歩いていたりするから本当は強いのかもしれない。

遠くの方に落ち込んでた自分が見えたら
少し成長した証だと思う。

Myself

017

心配するな。泣いたらまた前向けばいい。
強がるな 。甘える時は甘えればいい。
かっこつけるな。
弱さを見せて素直になればいい。
取り繕うな。
自分は自分で自分でしかない。

Myself 018

自分に自信を持つのは簡単なようで難しいな。
「自分なんて」と卑屈になっている時は
特に自信などなくしてしまう。
ただ認めてくれる人がいるなら少しは自信に繋がるだろう。
そして一番最初に自分が自分を認めてあげたい。
大丈夫だよと言うのは自分自身にでもいい。

Myself
019

自分が選んだ人に後悔したくない。自分が選んだ道に後悔したくない。

沢山の出会いの中で自分が選んだ人、繋がりがなくなった人も、
また新しく出会う人も。
そんな一つひとつの繋がりに後悔はしたくない。
確かな繋がりがそこにある。

Myself
020

自然でいる事は難しい。
自然でいようとすればするほど誰かとぶつかり、
誤解や衝突をする。自分らしくある事は覚悟がいる。
貫く事には嫌われる覚悟がいる。だから自然でいる人に強く憧れる。

自分が自分らしくいる事は強さと覚悟がいるからだ。

Myself 021

他人の目が気になってしかたないのは
自信がなくなっているからかもしれない。
何を言われようが何をしようが
自信を持って行動出来れば気にならない。
ただ批判はいい気持ちにならないが
それをただの批判と受け取るか、
自分の糧にするかで随分違う。

Myself 022

泣く事と笑う事を自然に出来たらいいね。
泣きたい時に泣けなかったり、
不自然に無理に笑ったりすると
自分の感情が今どうなのか
分からなくなってしまう。
楽しい事ばかりじゃない世の中で
自分を守る為に
真逆な感情に流されるのは疲れてしまう。
自分の心を殺したくない。

Myself 023

自分の心は
自分が一番よく分かっている。
それに嘘はつけないし
嘘はつきたくない。

Myself 024

他の人に無理に合わせる必要はない。

無理に笑ったりしなくていい。

苦手な人に合わせて自分をすり減らすくらいなら自分は自分でいい。

それは「自分」を守る事だから。


自分を守る事は悪い事じゃない。

Myself 025

自分の価値観は自分のものだ。

それは人に押し付けるものでもないし比べるものでもない。

少し自分と価値観が違うからと
その人を丸ごと否定するのは違う。

「そんな考えもある」

「そんな人もいる」と思いたい。

否定から全て入ると自分の幅が狭くなる。

Myself 026

悩んで悩んでも結局決めるのは自分。
誰に相談しても決めるのは自分。
結果が悪くても人のせいにするのは違う。

迷うのは自分。決めるのは自分。
最後は自分の声に従う。
それが後悔しない生き方。

Myself 027

ずっと前向きでいたいと思うけれど
疲れてしまう時もある。
振り返る事はそう悪い事ではないと思う。
後ろを振り向けば自分がつまずいたり転んだり、
また歩いたりしている足跡が見える。
そこに自分の歩いた道がある。今までここまで歩けた。
それがまた頑張れる動機になる。

Myself 028

「全てどうでもいい」と投げ出した時に
まだ自分の心のどっかに、
残っているものがあるのなら
多分どうでもいいものではなく、
一番大事にしたいものだったりする。

Myself 029

「こんな私」なんて言うな。
そんなあなたを好きな人は必ずいる。
「どうせ私」なんて言うな。
あなたを求める人は必ずいる。

足りないのは少しの自信と
自分をもう少しだけ好きになる事。

Myself 030

自分の心は自分で決めるものだけれど
理性でなく「どうしようもない」感情だってあって、
それをコントロールすることが難しい時だってある。
ただ後悔はしたくないからいつだって真剣でいればいい。
結果じゃなく振り返った時に真剣だった自分を誇れたらいい。

Myself
031

忘れたくない風景や言葉がある。
その時そこにあった景色や記憶は
少しずつ色褪せてしまうかもしれないけれど
ふと思い出した時に
心あたたまるものなら大切なもの。
変わっていく毎日に変わらない過去がある。
その風景は引き出しの中の宝物のよう。

自分の感情を信じて
あげられるのは
自分しかいない。

Myself
032

Myself 033

「後悔しないように」といつも思うけれど
後悔は必ずあって
もっとこうすれば良かったと思う事が多い。
でもその時はその時で
一生懸命だったんだと思う。
そんな自分の過去を認めてあげる事で
強くなれると思う。

Myself 034

落ち込むって事はネガティブな感じだけど
「もっと良くできたはず」とか「もっと上手くなりたい」とか
前向きな気持ちがその裏にあると思う。
だから落ち込む時はとことん落ち込めばいいと思う。
ずっといつまでも落ち込んでる自分を嫌いになったら
あとは前を向くしかないから。

Myself

035

無理に前向きになる必要はないんだ。
辛かったら立ち止まってもいい。
傷ついてボロボロになってすぐに歩く事は難しい。
でも時間が経てば自然と歩けるようになる。
辛い過去を糧にして。それが人の強さ。

Myself
036

世間体を気にして自分らしさを失ってしまった。
衝突を恐れて言葉を失くしてしまった。
愛想笑いを作って本当の笑顔を失くしてしまった。
強がってばかりで甘える事を忘れてしまった。
傲慢になり感謝を忘れてしまった。
当たり前に思って大切さを見失ってしまった。

Myself
037

昨日あった嫌な事は引きずらないように、
忘れたい過去を少しずつ忘れさせてくれるように
毎日は巡って来る。
自分を責める事をやめた時、
少し気持ちは軽くなる。

Myself
038

子供の頃、よく泣いた。
大人になったらあまり泣かなくなった。
だけど大人の方が泣きたくなる事が多い。

ただ強くなったといえば簡単だけど、
ただ我慢強くなっただけのような気がする。

傷つく気持ちは子供も大人も変わりはない。
泣く場所があればいい。泣く事は悪い事ではない。

Myself
039

我慢して自分の言いたい事も言えない関係よりも

「この人だから我慢しなくていいんだ」

と思える相手がいい。
自分さえ我慢すればと思っているといつか心が折れるだろう。

Myself
040

嘘が嫌なのはそれがトラウマになるからだ。
また同じような嘘で繰り返し傷つきたくはない。
信じたい人を信じられなくなる事は悲しい。

Myself
041

「自分じゃなくてもいいんだ」と
人と比べて落ち込むより
自分にしかないもの、
自分だけのものを磨けば
少しだけ自分の事を好きになれそう。

Myself
042

本当に寂しいのは「寂しい」と感じなくなる事だ。
どんなに強がっても寂しい時は寂しいのだ。
寂しさがあるから
それを埋めてくれる存在を確認出来る。
自分の寂しさに向き合う事で、
自分が求めるものがよく分かる。

Myself
043

信じ切る強さが欲しい。

一度裏切られるとトラウマになる。
本当は信じたいのに「この人も？」と
どこか100％信じられない自分がいる。
信じて裏切られる事を繰り返すと臆病になる。

Myself
044

言葉も大事な事にかわりはないが
結局それに伴う態度が
一緒についてこないと
その言葉にはなんの説得力もない。

Myself
045

自分の事を好きになれたらいいね。
自信のなさから人と比べてしまって
いつも劣等感に苛まれる事が多いけれど
自分は自分でしかなく他人にはなれない。

他人と比較して落ち込む毎日より
今ある現状を少しでも好きになりたい。

Myself
046

毎日は同じように過ぎるけれど
とても小さな事でも
何か自分なりに進めたと思えたらいいね。
少しずつ何かを積み重ねたら
また新しい景色が見えるだろう。
目には見えなくても確かな一歩があればいい。

Myself
047

ずっと我慢して頑張り続ければ
「えらいね、強いね」と言われ、
いつの間にか弱い自分を誰にも見せられなくなる。
ピンと張った糸のようにずっと緊張をして心休まる事がない。
そのままの自分を見せる事は怖い、
けれど自分らしさを失う事はもっと怖い。

Myself
048

「自分じゃなくたって」って思わないでね。きっと誰かの必要な人。「自分なんて」と思わないでね。きっと誰かの大事な人。

自信がない時、周りが見えなくてひとりだとか、
いらない人間とか思うけど周りを見渡せばきっと誰かの必要な人。
そう思えたら頑張れるし優しくなれる。

Myself
049

がんばり屋さんは自分で頑張っているとは言わないし、
頑張っている事が当たり前だから
頑張っている認識すらないかもしれない。
けれど知らず知らずに疲れてしまう時もある。
浮かんだ涙を堪え、なにくそとまた歩く。
そんながんばり屋さんは必ず幸せになるべき。

Myself
050

自分に何が向いているかなんて
実際やってみないと分からない。
やらずに諦めてしまう事が一番もったいない。
実際やってみた時に自分に合う事に気付いたり、
本当に好きなんだなと思う事がある。
合わないと思ったらまた探せばいい。

Myself
051

何かを我慢すれば上手くいく事の方が多いのかもしれないけれど、
何かを我慢する事で自分の大事なものを失くすならば
我慢しなくてもいいと思う。
無理して我慢して得たものの価値と自分の大事なものを比べれば
どちらが大事か分かるはず。

Myself

052

つまらない嫉妬や意地を張ってしまうと
自分の素直さは消えてしまう。
真っ直ぐ信じる事の難しさは
あるかもしれないけれど素直さをなくすと
自分の事を好きになれない。

Myself
053

自分の気持ちを押し通せばワガママと思われそうで
自分の気持ちを押し隠せば不満が残る。
いつもその間で揺れる。

本当に伝えたいと思う事は
ただシンプルなのに
寂しさや不安で気持ちの制御が出来ない。
自分のダメだと思う所は
自分が一番よく分かっている。

Myself
054

先の不安を感じて
今大切にしなくてはいけない事や人を考えず
思い悩む事はやめよう。
不安は誰にでもあるけれど自分から大きくする必要はない。
本当に大事なのは今の自分の感情で、それを信じるしかない。
それを積み重ねる事だけでいい。

Myself
055

泣いてしまった後に
「自分は泣きたかったんだ」と気付くように
自分の感情が表に出て初めて分かる事がある。
それは少し自分自身の気持ちに
気付いてあげられなかったのかもしれない。
自分の気持ちには誰よりちゃんと気付いてあげたい。

Myself
056

幸せの尺度は人それぞれで
他の人と幸せを比べても
あまり意味はない。
何に幸せを感じるかなんて一人ひとり違う。

だから妬んだり嫉妬したり自己嫌悪するより
自分の幸せがあるなら周りを気にしないで
その幸せを信じればいいと思う。

Myself 057

必要な人に必要とされる難しさ。
自分が求めているからといって相手が自分を求めているとは限らない。
だから自分には何かが欠落しているのだと自信がなくなる。
必要な人に必要とされたい。ただそれが遠く感じられる時がある。
大事な人に大事にされたい。それをとても強く望む。

Myself 058
「自分は自分」と言い聞かせても
周りが良く見えることもあって、大抵は落ち込んでいたり
自信がなくなってきた時だ。
自分は自分でしかなく他の人にはなれないし、他の人も自分にはなれない。
それだけでも自分に価値はあるし、自分を好きにならなければ
人を好きになるのは難しい。自分は自分でいい。それが重要。

嫌な記憶はなかなか忘れる事が出来なくて、いつまでも苦しい。
古いかさぶたのように治ったと思って触ってみたら
まだ癒えてない時がある。
いつの間にか消えるものと思うのだけど
深くトラウマになってしまう時もある。

傷は簡単に出来るけれど簡単には治らないものだ。

Myself 059

Myself 060

迷惑になるだろうと思い我慢する。
これを言ったら嫌われるだろうとまた我慢する。
自分の事より相手を優先したくてまた我慢する。
自分のしたい事、言いたい事も言えず
常に我慢する人はそれが当たり前になって
人に甘える事も忘れ、自分が我慢している事も忘れてしまう。
我慢しなくていい場所があるといい。

Myself
061

沢山傷ついたからといって強くなるとは限らない。
ただ傷を知っている人は相手を無駄に傷つけたりしない。

自分の傷を知る事で
相手の傷を推し量る事は出来る。
強くなる事は難しいけれど
人の弱さを解る事は出来る。

Myself
062

自分に厳しい人は強い。自分に負けない人は強い。
自分がブレない人は強い。自分を知ってる人は強い。
人を許せる人は強い。人を思いやれる人は強い。
弱い自分を見つけた人は強い。
人の弱さに気づけたら強い。
強くなりたいと思ったらもう強い。

Myself
063

まっすぐな人は強い。あきらめない人は強い。
一途な人は強い。勝ち続ける人は強い。
負けを認める人は強い。孤独を知る人は強い。
人を許せる人は強い。優しく出来る人は強い。
弱音を言える人は強い。弱音を聞ける人は強い。
強くなりたいと思う人はもう十分強い。

Myself
064

感情にまかせて放った言葉は後になって何故あんな事を言ってしまったのかと後悔する。

相手の気持ちに寄り添う事もせず
ただ自分の気持ちをぶつけてしまう時がある。
「自分だけが」と思う前に相手の気持ちも考える余裕が欲しい。

Myself
065

他人に残酷な事を言ったり苛々してしまうのは
大抵自分自身に苛々する原因がある時が多い。

自分自身に問題がある時、他人の言動一つひとつが気になって自分でも分からず傷つけて自己嫌悪する。

問題は自分自身だと認める事が出来たら
少しは憂鬱感から解放されるかもしれない。

届けたい花がある。届けたい想いがある。
たとえそれが届かなくても
ただひたすら想い続ける。
たとえ繫がる糸が見えなくても
ひたすら想い続ける。
距離に負けないように 自分に負けないように
溢れるほどの気持ちを、溢れるほどの想いを。

chapter 5 恋愛

Heart

Heart
001

想いが深くなればなるほど
相手に求める事や気持ちが強くなる。
「自分だけ」って思う事で
つまらない喧嘩や嫉妬をして満たされる事がない。
相手からのリアクションが少ないだけで
愛されてないと思うのは少し寂しい。
最初にあった「ただ好き」を見失う時がある。

Heart
002

出逢って気になる人になり
話したくて好きな人になり
恋しくて大事な人になり
一緒にいたくて愛しい人になり
寂しくてかけがえない人になる。
少しずつ想いは重なり、少しずつ想いは深くなる。
ほんの僅かな時間が愛しく感じる事が出来たなら本当に大切な人。

Heart 003

過去に嫉妬しても何も生まれる事はない。
その過去があるから今その人がいる。
本当に大事なのは過去ではなく目の前にいるその人、その時間。
ただ少しだけ寂しいのはその過去に自分が含まれていなかった事。
だから今を積み重ねる。
過去に負けないように。

Heart 004

その人の中に自分がいるか
自分の居場所があるか
自分が必要とされているか
他の人でもいいのじゃないか
同じくらい会いたいか
同じように寂しいか
本当の寂しさは会える時間がないとかじゃなく
相手の中にちゃんと自分がいるか確認出来なくなる事。

Heart
005

疑えばキリがなく、黒くどこまでも心に拡がって落ち着くことはない。
信じたい気持ちより疑ってしまう気持ちが勝ってしまう時は
いつだって自分に自信や余裕がない時だ。
信じたい人をただ純粋に信じる自信が欲しい。

Heart
006

「寂しい」と言葉にすればワガママになりそうで
少しだけその寂しいを飲み込んで笑っていたりする。
寂しいのは自分だけではなく
二人が同じくらい寂しいのであれば
その寂しさも愛しく思えるだろう。

Heart
007

本当の優しさはずっと後になって気付く事が多い。
その優しさが当たり前になっていて慣れてしまう。
だからずっと何年か経ってやっと気付くんだ。その優しさに。
だからもっとずっと早く気付けたらと思う。
それが当たり前に思う前に。それを失う前に。

Heart
008

一番近くにいるから一番解り合いたいのに、
一番近くにいるから一番傷つけるし、
一番近くにいるから一番困らせるけど、
一番近くにいるから一番笑っていて欲しい。

Heart
009

素直になりたい時に
素直になれないのは悲しい。
「素直になりたい」と思った時が、
素直になる時だ。

Heart
010

会いたい人に会いたいと言える幸せ。
会いたい人に会える幸せ。
会いたい人が会いたいと思ってくれる幸せ。
お互いの会いたいが同じくらいなら本当に幸せ。
会いたいを失くしたくない。
好きな人はいつもいつでもどんな時でも会いたい人。

Heart
011

「わがまま」と
「甘える事」の
線引きはいつも難しい。

Heart 012

相手の事を真剣に考えてるからぶつかってしまう。
そうじゃなかったらそのまま受け流すか我慢する。
解って欲しいって気持ちがあるから衝突する。
付き合う事は我慢し続ける事じゃなく、
ぶつかってそれでも一緒にいたいと思う事だと思う。

Heart 013

出会ってすぐその先の別れに怯えるのはやめよう。
今そこにある気持ちを大事にしよう。
過去の人と比べるのはやめよう。
今目の前の人を大事にしよう。
未来の不安に怯えるより、過去の誰かに悩むより今出来る事がある。
その今に気付いたら全力で大事にしたらいい。

Heart
014

本当に好きな人って特別どこが好きってよく自分でも分からなくて、例えば何気ない仕草や言葉に
「あぁ、やっぱこの人の事好きだ」
と思える人なんだろう。
そんな事を繰り返し何回も思える人だと思う。

Heart
015

妥協して選んだ相手なら本気で悩む事はないだろう。
誰でもいい相手なら本気で泣いたりしないだろう。
その人だから、特別だから相手の事を真剣に考える。
楽しいだけの相手より、凹んで悩んで泣いても繋がりたいと思う人は
自分にとって大切な人だと思う。

Heart
016

どれだけ相手を束縛しても
自分の心が満たされないと自由にはならないだろう。
本当に相手を想うのなら
自分の気持ちで相手を縛る事より自由にさせる方がいい。
不安だから自由を奪うより
相手に自由を与える方が優しくなれる。

Heart 017

「失って初めて大切さに気付いた」
なんてよく聞くけれど、
失ってからでは何もかも遅い。
何より気付きたいのは今あるその人の大切さ。

Heart 018

誰かと別れても無駄な事は何もなかったと思いたい。
その言葉や笑顔、過ごした場所や思い出。
それぞれが忘れる事なく胸に残っているなら大切な思い出。

その時の自分を否定したくない。
その時の二人を否定したくない。

Heart 019

忘れられなくていい。本気だったから。ひきずってもいい。真剣だったから。

いつかその想いが思い出に変わった時その本気さが、
その真剣さがあればまた誰かと出逢える。
だから今は少しだけ後ろ向きでもいい。
自分の気持ちを誇れる日はちゃんと来る。

Heart 020

誰でもいいのなら
これ程深い寂しさを感じる事はないだろう。
誰でもいいのなら
これ程の涙も出ないだろう。
どうしようもない寂しさや深い嫉妬、
眠れない程の想いを感じる時、
改めて特別なんだと気付く。

Heart
021

好きだからって事は何でも許せるって事じゃなく、
好きだから許せない事だってある。
多分どうでもいい人ならそんな感情も湧かないだろう。
心が大きく揺れる。それは自分の心にその人がいるから。

許す勇気も必要、
でも許さないという勇気も必要。

Heart
022

別れの理由は沢山あるけれど
誰かを好きになる理由はとてもシンプルで真っ直ぐなものだ。
ただ時間が経つと欲張りになりワガママになって相手の気持ちを独占したくなる。
最初の頃にあったシンプルさは薄れ自信のなさから自分と相手を疑ってしまう。

迷ってしまった時、
一番大切な事は最初の気持ちだろう。

Heart
023

相手のわがままを愛おしく思えたらいい。
それは特別なもので、
甘えられる人はその人しかいないから。

自分だけにくれるわがままを愛おしく思えたら幸せ。

Heart
024

「恋とか愛とか抜きにして、あなたという人間が好き」

というのは最高の褒め言葉。

Heart 025

とても楽じゃない恋愛をしている人は
自分の気持ちに妥協したくないんだろう。
とても苦しくて、寂しくても尚その人しかいなくて
他の誰でもないって思える人はなかなかいない。
しんどい恋愛をしてもこの恋愛しかないって羨ましい。
本当にその人が好きな証拠。

Heart 026

言葉で相手を縛らなければ
互いを維持出来ない関係は切ない。
不安だから言葉で縛っても
心を繋ぎとめる事は難しい。
繋ぎとめるのは
いつだって互いの想いがいい。

Heart
027

言葉は言わなくても
ちゃんと伝わってるって以心伝心みたいで
精神的に繋がってるようでかっこいいけど
やっぱり言葉にして欲しい事もあって、
そんな言葉達は温かくちゃんと形になる。

Heart
028

好きな人の嬉しい時に一番そばにいたい。
好きな人の悲しい時に一番そばにいたい。
ただそれだけなのに、簡単な事なのに出来ない時がある。
その一番が自分じゃない時につまらない嫉妬をしてしまう。
本当は順番なんかじゃない。
寄り添う気持ちがあればいい。

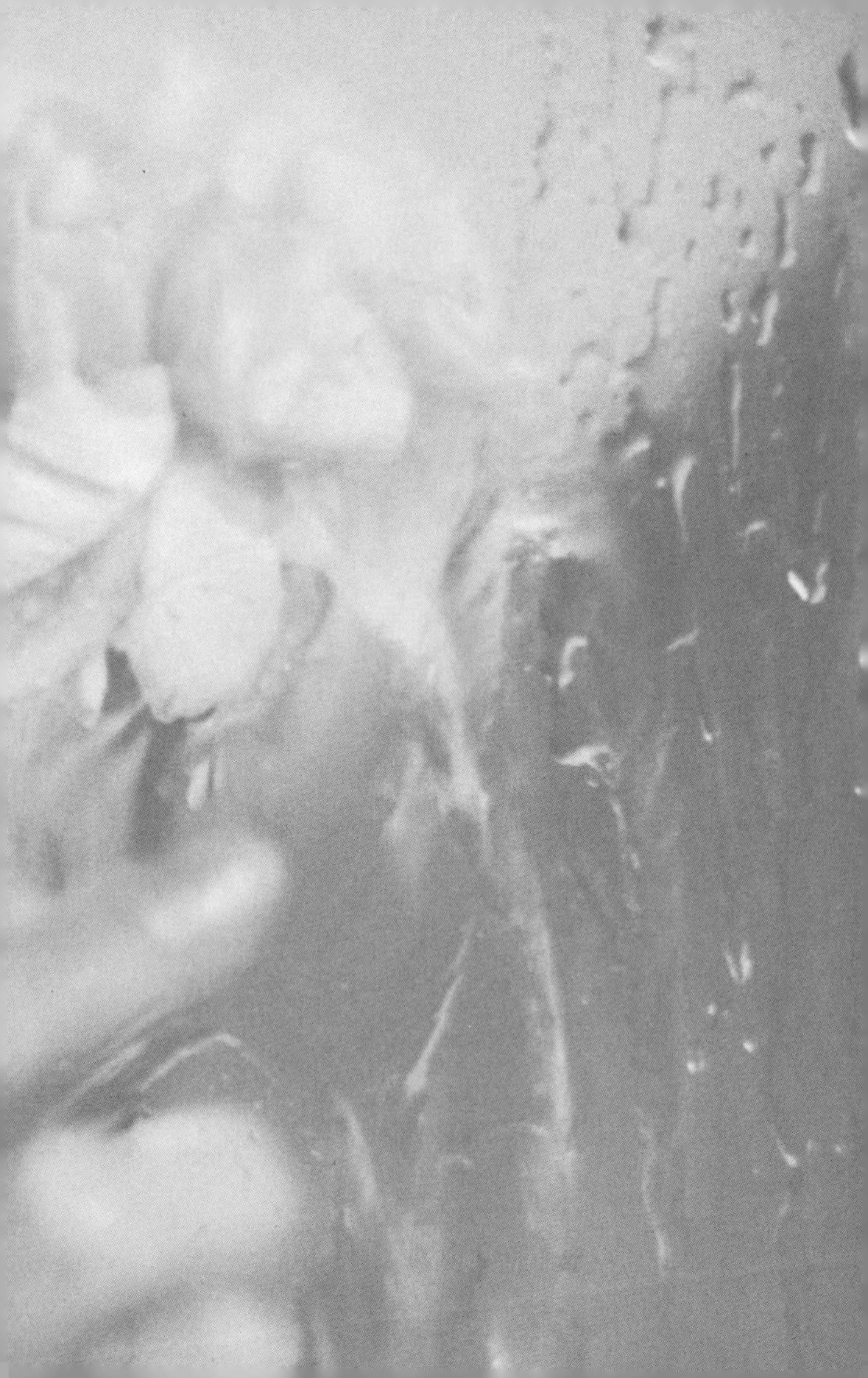

Heart
029

「過去」が気になるのは
そこに自分が含まれていないからだろう。
「今」のその人が好きならばそれでいいと思う。
その過去があって今のその人がいる。
過去に嫉妬しても意味はない。
ただそこにある今を見ればいい。

とても矛盾してるけど、
嘘はつかれたくないけれど
一生知りたくなかった
残酷な真実があって、
それは嘘をついて欲しかったなと
思う事がある。

Heart
030

Heart
031

相手を責めれば楽なのに、
責めなかった別れならば
愛しさだけが残りそう。
優しい思いだけが
いつまでも残る恋は
すぐに忘れる事は難しい。

Heart
032

遠距離恋愛でも近距離の恋愛でも同じ 恋は恋。
その想いの深さは変わらないはずなのに
崩れそうになるとすぐ距離のせいにしそうになる。

近くにいても遠くにいても
切れない繋がりなら距離に負ける事はない。

どちらも大事なのは距離ではなく
お互いの気持ちの距離。

Heart
033

「恋しさ」の先に「愛しさ」があって、
ずっとずっと先まで
この人を選んで良かったと思える日が来るなら幸せ。
そして自分が選んだその人に
あなたで良かったと言われるなら
本当に幸せ。

Heart
034

同じ景色を見たい。同じ季節を過ごしたい。
それが無理なら同じ景色を見てると感じたい。
一緒にいなくても一緒に見られるものがある。
一緒にいなくても一緒に感じられる事がある。

Heart
035

本当に大切な人は自分が辛い時や苦しい時に
そばにいてくれる人だと思う。
とても受け止め切れなかったり背負えないと思ったら
ずっとそばにいる事は難しい。
どんな感情も受け止めるってすごい覚悟だ。
大切にするという事は覚悟だ。

Heart
036

満たされなくて自分の気持ちばかり押し付けてしまって
段々と欲張りになる。
最初はただ想うだけだった。
「この人に自分は何が出来るのだろう」と。
最初の気持ちを少しずつ忘れてしまう。
ただ想うだけでは足りなくて相手の気持ちを欲しがる。
思い返せばただ真っ直ぐな自分がいたはず。

Heart
037

誰にでも優しい人は
いつか誰かを傷つけるだろう。
誰にでも同じ笑顔を振りまく人は
いつか誰かの笑顔を奪うだろう。
悪い事ではないが、誰でも好きな人には
自分だけのものをいつも求めてしまうから。

Heart
038

誰かと別れる理由は沢山あると思うけど
嫌いになったから別れる人は少ないと思う。
一度好きになった人を嫌う事は難しい。
別れたとしてもまだ好きでいる。
ただ二人の未来が見えない時、その答えしかない時がある。

ずっと好きでいる約束は別れたとしても続く。
「幸せに」と思える。

Heart
039

誰かの喜びが自分の喜びになればいい。
誰かを幸せにする事が自分の幸せになればいい。

そばにいるなら笑う事。
そばにいないなら願う事。

悲しい出来事も誰かの支えがあって
忘れられる事もある。
嬉しい出来事も誰かと一緒だと
忘れられない出来事になる。

心が揺れる時、
いつもそこに
大切な人がいる。

Heart
040

自分の好きな人だから
分かってしまう事がある。
一番近くにいたから
一番気持ちを分かる人だから
気付いてしまう事がある。
とても残酷だけれど
「あぁ、この人の中に自分はもういない」と
気付いてしまう。
気付かないフリをしても
態度や言葉で分かる。

一番近いという事は
時に残酷なのだ。

Heart
041

Heart
042

好きな人を信じたい。
まっすぐな想いを信じたい。
自分を信じたい。
信じたい気持ちがあるなら最後まで。
不安や悩みの中で信じる事しか出来ないのなら
信じ抜けばいい。
たとえ裏切られ何も残らなくても
信じ抜いた自分がいるならそれでいい。

Heart
043

本当の寂しさは会えないからとか
声が聞けないからとかじゃなくて
自分の好きな人に必要とされていないと感じる時だろう。
だから「あなたが必要」ってそのひと言で満たされる。
自分の好きな人に必要とされている。
それだけで自分の場所が分かる。

Heart
044

自分が知っていると思う人の本当の姿は
自分が思うより全然知らなかったり、
自分の思い込みだったりして全く解ってなかったと思う事がある。
だから自分の知らない一面を目の当たりにすると驚く。

人を全部知る事は難しい。
ただ誰よりも知りたいと思う。
大切な人ならなおさら。

Heart
045

相手に自分に対する気持ちを何度も聞いてしまうのは
自分に自信がない時。
訳もなく「ごめんね」を繰り返すのは嫌われたくない時。
相手の小さな事を許せないのは自分に余裕がない時。
「絶対」の言葉を使うのは安心したい時。
言葉の裏に本当の自分を隠す時がある。

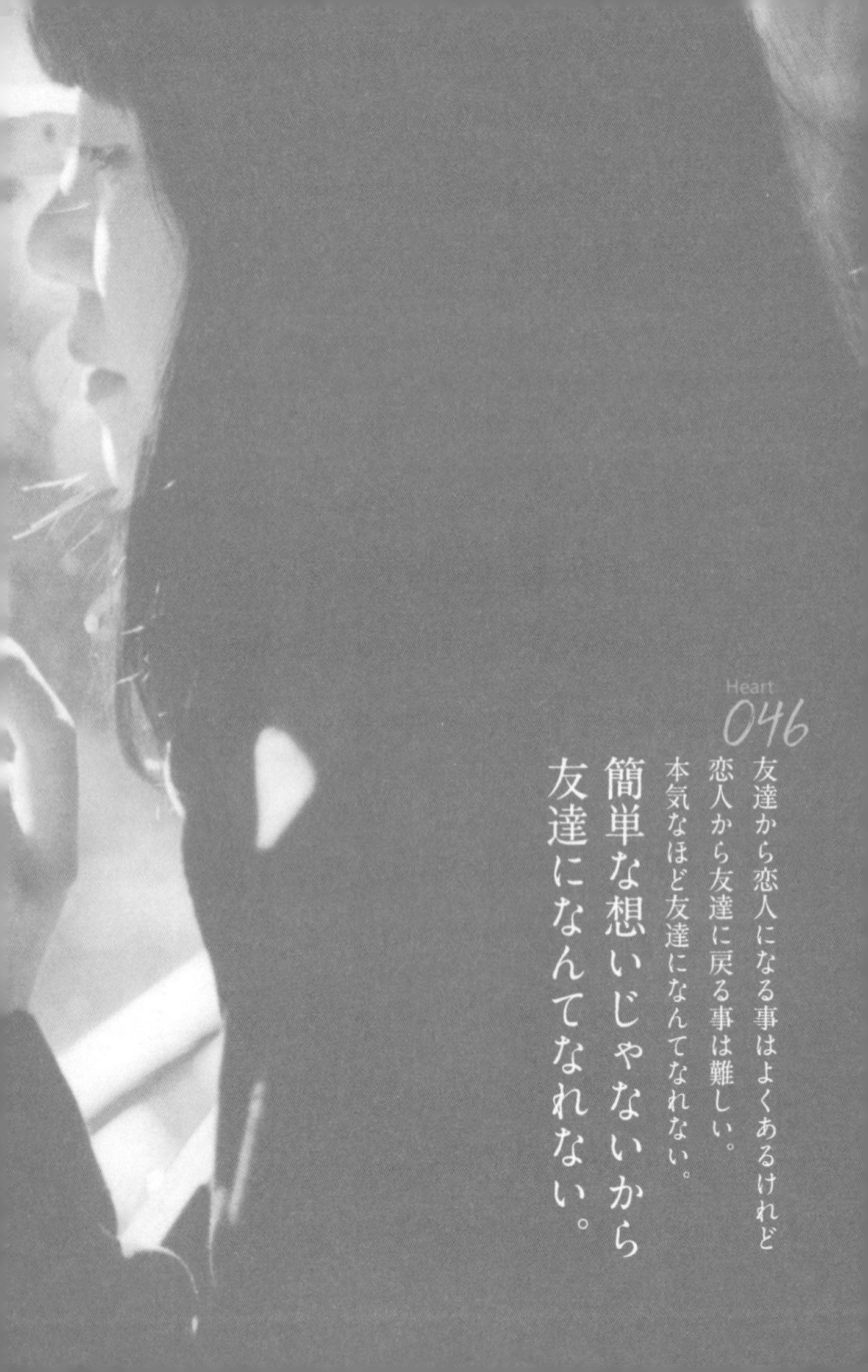

Heart
046

友達から恋人になる事はよくあるけれど
恋人から友達に戻る事は難しい。
本気なほど友達になんてなれない。
簡単な想いじゃないから
友達になんてなれない。

Heart 047

誰にでも大小の傷はあって、
それを誰にでも言う事はないけど
本当に大事な人には理解して欲しいから
「あのね、本当は……」って言う。
でもそれはすごく怖い、
大事な人に傷を見せた事で拒否される事は一番怖い。
だからその勇気を受け止めて欲しい。
誰でもない特別な人だから。

Heart 048

「喧嘩になるから」と蓋をした気持ちは
いつか膨らんで苦しくなる。
「喧嘩になってもいいから」と言えたなら
本当に相手と向き合う事が出来る。
衝突を避けて相手と深い関係を築く事は難しい。

Heart 049

誰かとつき合うという事は迷惑をかける事なんだ。
綺麗なだけじゃなくて、
ずっとつき合うならずっと迷惑をかける事なんだ。
それでも一緒にいたいってそう思えたら幸せ。

迷惑を迷惑と思う人はただの迷惑な人。
迷惑を迷惑と思わない人は大切な人。

Heart 050

好きな人の過去に嫉妬してもしょうがないけど
自分の自信のなさから嫉妬してしまう時がある。
でも過去があって今その人がいるのだから
今を大事にしなきゃいけないと思う。

目を向けるべきは過去ではない。

Heart
051

終わらす為に喧嘩するんじゃない。嫌いだから喧嘩するんじゃない。

ぶつかって初めて見えるものがある。
ぶつかって初めて理解出来る事がある。
本気で向き合う時、衝突は必ずある。
浅い関係を求めていないという事。

Heart
052

好きだから許してしまう事もあるけれど
好きだからこそ許せない事の方が多いと思う。
表面上は許していても心の何処かで許してない事の方が多い。
自分の気持ちに妥協する事は難しい。

Heart
053

好きな相手と衝突する事は怖い。
嫌われてしまったら終わりだからだ。
でもぶつかる事で分かり合える事もある。
飲み込んだ言葉の先に自分の本音がある。
必要なのは覚悟で、
嫌われてもいいとぶつかったその先に
深い繋がりが持てるのなら
自分の本当の気持ちを伝えてもいいと思う。

Heart
054

相手の喜ぶ顔が見たいとか自分だけの事じゃなく
相手の幸せを願う事って結局自分の幸せにも繋がる。
幸せと感じる事は人それぞれだけれど
やっぱり自分の好きな人が幸せと感じる事が自分の幸せになる。

過去に嫉妬をして
「今」を見失ってないか。
先の不安に苛まれ
「今」を失くしてないか。

限られた時間の中で
誰かと共にする時間は永遠じゃない。
その時間の中で後悔したくないなら
今大切にしなきゃいけないものは
分かるはず。

Heart
055

Heart
056

遠距離で一番辛い事は一緒にいたい時にそばにいられない事だと思う。
嬉しい時も悲しい時も。
目には見えない気持ちを信じるしかなくて
「変わってしまう」事にいつも怯える。
だからこそ変わらずにいるようお互いを強く想うしかない。

心ふるえる人はその人しかいないから。

Heart
057

好きだから切ない時もある。
寂しさと嬉しさを好きな人はくれる。
寂しさが多くなるほど会った時の嬉しさも大きい。
会えた嬉しさが大きいほどまた次会うまでの寂しさも増す。
また会いたいがあるから寂しさに耐える事が出来る。
それがたとえ一瞬の嬉しいでも。

Heart
058

大切な人の「嬉しい」のそばにいたい。
大切な人の「悲しい」を解りたい。
いつもいつでもそばにいられないなら、
その人の感情に気付いて気持ちに寄り添いたい。

無理にポジティブにするのではなくネガティブな面から逃げたくない。
そんな風に付き合えたらいい。

Heart
059

たとえ一緒にいられなくても
同じ時間に同じものを見ているだけで
少しは寂しさもやわらぐだろう。

一緒にいる事だけが
同じ時間を過ごす事じゃない。

Heart
060

愛しさの先に
嫉妬があるならば、
それも全部
愛してしまおう。

Love
061

一日の終わりに
その日あった事を話して欲しい。
何に笑って何で落ち込んだのか。
どんなささいな事でもいい。
触れる事が出来ないなら
目を閉じて触れる気持ちに会いたい。
楽しかった一日の終わりに。
寂しかった一日の終わりに。
なんでもない普通の一日の終わりに。

Heart
062

会えない日の切なさ、「またね」と手を振る切なさ、ひとり誰かを想う切なさ、次会う日までの切なさ。

相手を想えば想うほど切なさは増し消える事はない。
だから切ない気持ちがある事は悪くない。
それほど深い気持ちがある証拠。寄り添う気持ちがそこにある。

Heart
063

自分に自信がない時、相手の「好き」を疑う。
自分に自信がない時、自分の「好き」を疑う。
気持ちに余裕がなく自分に自信が持てない時、
相手からの好意を疑い受け止められない自分すら疑ってしまう。
本当に大事な人を見過ごす前に僅かでも自信が欲しい。

Heart
064

自分の好きな相手に、
自分がこれほど好きなのだから相手も自分と同じくらい、
またはそれ以上のものを求めるのは自分のエゴでしかない。
本当に好きな相手ならば「ただ好き」という
小さくても強い光。

Heart
065

一番大事なものは一番手を放したくない。
繋いでいたつもりで気が付けば
手から離れている事がある。
失う前に大切だと気付きたい。
遠く離れる前に。

Heart
066

会わない日が長く続いても
自分の気持ちに自信があれば不安になる事はない。
連絡が少なくなったり返信が減ると最初あった自信がなくなる。
飽きられたとか嫌われたのかと疑心暗鬼になる。

本当に信じなきゃいけないのは相手の前に自分自身かもしれない。

自分を信じてあげたい。

Heart
067

自分の好きな人の「最高」より、
その人の「最低」を知っていた方が深く付き合えそう。
本当に重要な所はその「最低」な所だと思う。
そこに目をそらさず向き合えたらもっとその人の事を理解出来ると思う。
最低な自分を相手に見せられる事は最高の二人になる条件だと思う。

Heart
068

2人の何気ない沈黙が
愛おしく思えたら幸せ。

本気だから本気で傷つく。真剣だから真剣に嫉妬する。中途半端な想いじゃないから中途半端に傷つかない。真剣なほど痛いくらい嫉妬する。友達の関係なら受け流せる事も、本気だから受け流せない感情がある。

Heart 070

泣き出しそうな気持ちを我慢して取り繕って
涙を見せまいとする姿は確かに強いけれど
大事な人には「自分はこんな人」と
そのままの自分を見せられたらいいね。
強がりをなくした姿をそのまま見せられる人がいればいい。

Heart 071

何度喧嘩しても何度ぶつかっても
それでも一緒にいるって本当にすごい。
どうでもいい人ならすぐに諦めるだろう。
すぐに別れてしまうだろう。
喧嘩しても一緒にいたい人って
自分の好きな人以外いないから。
そんな風に何度も何度も
衝突した二人はきっと強い。

指

Heart
072

「欲しい言葉がもらえない」ではなく「大事な言葉だから簡単に言えない」。

「相手の気持ちが伝わらない」ではなく
「伝えるのが不器用」なだけ。
「言葉が足りない」ではなく
「言葉に出来ない」。
自分だけの気持ちを相手に求めるより
少しだけ相手の気持ちに寄り添えたらいい。

Heart
073

つまらない冗談でも好きな人と笑い合えるなら、
そのつまらない冗談も楽しくなる。
いつもいつでも笑い合える関係がいい。
相手が落ち込んでいたり、自分が凹んでいたり、
二人共沈んでいても、
笑い合えたらそれだけで少しは元気になる。
支えるつもりが支えられている。
そんな二人がいい。

Heart
074

自分がとても無力だと感じる瞬間は
自分が想う人に何も出来ない時だ。
この人に何か自分に出来る事はないかと思った時に
何も自分には出来ないと思うと悲しい。
何か少しでも力になりたいと思う。
それがどんな小さな事でも。

Heart 075

「幸せになりたい」と思って
「幸せにしたい」人に出会って
「幸せにいたい」と共に過ごし
「幸せでした」と最期に言えるのが
本当の幸せなのではないか。

大事な言葉がある。

ずっと胸にある言葉がある。
そっと思い出しては
優しい気持ちになる言葉がある。

それはほんの些細な、ありふれたもので、

他の人からすれば
ずっとつまらないものでも
忘れたくなくて大事な言葉。

いつでも思い出せるよう
繰り返し頭に思い浮かべる。

そんな言葉。

あとがき

本書「だから、そばにいて」は自分にとって、初めて刊行した書籍であり、とても思い入れのある一冊です。当時の編集担当者から「一緒に本を作りませんか」と言われたこと、実際に自分の本が書店に並んだ感動を今でも昨日のように思い出すことができます。

本は自分にとってある種の救いでした。

人見知りの性格からか思春期の頃、あまり人と深く付き合うことができず、漠然とした将来の不安や悩みを抱えながら時間があれば文庫本を開き、その本の世界に逃げていたように思います。その小さな本の世界が不安定だった当時の自分を癒やし、慰め、心を温めてくれました。大人になった今、そんな自分が本を作るなんて当時の自分は夢にも思ってなかったと思います。この本が完成し、その後沢山の人に読まれ、読者からこの本は言葉のお守りのようだと言っていただきました。かつて自分が文庫本をお守りのように持ち歩いていたように、この「だから、そばにいて」が誰かの支えとなり、心のお守りのように読んで頂けたなら、これ以上の喜びはありません。

生きていれば悩みは尽きないと思います。たとえば恋愛、たとえば自分自身について。そしてその悩みは自分の命が尽きるまでずっとそばにあると思います。人生の出会いと別れの中、沢山の分かれ道があって何処へ向かうべきか選択をしなければなりません。その選択で一番大切なことは「自分で決める」ということだと思います。時には間違った選択をしてしまうこともあるかもしれません。けれどその間違いがあったからこそ、自分自身の成長、また自分以外の誰かへの優しさに繋がると思います。

間違いを恐れず自分の道を決めることで、たとえ後悔が残ったとしても、それは全て自分の身になる。そう思うと悩むということは決してマイナスなことではなく、自分にとって最善の生き方を模索する重要な行為にあるように思います。

本書「だから、そばにいて」は言葉の本です。物語の本ではありませんので、どのページから読んでいただいても構いません。少し疲れてしまったとき、少しつまずいてしまったとき、思い出してこの本を開いていただければ、背中をそっと押す助けになるかもしれません。この本がそんな風にこれからも誰かの心のそばに寄り添う本になれば幸いです。

最後に、何も分からなかった自分に声をかけて下さり、一緒にこの本を作って下さった当時の編集者の中島元子さん、そして文庫化に際し、尽力して下さったスタッフの皆様、この本を手にとって読んで下さった皆様に改めて深く感謝申し上げます。

kafuka

本書は、二〇一五年九月にワニブックスより刊行された単行本を再編集し、文庫化したものです。あとがきは文庫のための書き下ろしです。

本文写真／増田彩来（sara）
本文デザイン／ohmae-d